Matthias Wörne

Naturpädagogik

Grundlegung und Leitlinien
für die Praxis der Naturbildung

Matthias Wörne

Naturpädagogik

Grundlegung und Leitlinien für die Praxis der Naturbildung

Bibliografische Information der Deutschen Nationalbibliothek:
Die Deutsche Nationalbibliothek verzeichnet diese Publikation in der
Deutschen Nationalbibliografie; detaillierte bibliografische Daten sind
im Internet über http://dnb.dnb.de abrufbar.

Covergestaltung: David Schiafone
unter Verwendung des Gemäldes „Hügelland" von Heike Hesse

Herstellung und Verlag: BoD – Books on Demand, Norderstedt

ISBN: 9783757808075

Inhalt

Die Natur schafft ewig neue Gestalten; was da ist war noch nie,
was war kommt nicht wieder – alles ist neu und doch immer das Alte.
(Johann Wolfgang von Goethe)

Im Sommer blühen die Blumen, im Winter schlafen sie;
ewig verändert die Natur ihr Antlitz, und immer ist es gut.
(Chief Flying Hawk; Oglala Lakota).

Vorbemerkungen

Hintergrund dieses kleinen Büchleins sind 30 Jahre eigene naturpädagogische Arbeit. Ich habe Naturpädagogik erstmals kennengelernt, als ich im Jahr 1993 als Praktikant zur damaligen Naturschule Freiburg e.V. kam, die inzwischen den Namen „Naturschule Deutschland e.V." trägt. Seit 1997 war ich dort dann über 25 Jahre lang zuständig für die Weiterbildung Naturpädagogik, welche die Naturschule mittlerweile deutschlandweit sowie im angrenzenden Ausland anbietet. Diese Weiterbildung qualifiziert dafür, als Naturpädagogin oder Naturpädagoge für verschiedene Zielgruppen und Situationen Naturbildungsveranstaltungen zu konzipieren und durchzuführen.

Ich habe die Weiterbildung Naturpädagogik aus allen möglichen Perspektiven erlebt: als Teilnehmer, als pädagogischer Begleiter, als Dozent, als Organisator und Planender und nicht zuletzt als Verantwortlicher für die Konzeption und ihre Weiterentwicklung. Dabei war es mir immer ein Anliegen, kritisch zu hinterfragen und zu begründen, wozu und wie wir diese Arbeit tun, sie an aktuelle gesellschaftliche Entwicklungen anzupassen, ohne dabei die Wurzeln aus dem Blick zu verlieren und ohne sich jeder momentanen Strömung hinzugeben. Eine berufliche Auszeit nutzend möchte ich nun gerne die Hintergründe und Ziele naturpädagogischer Arbeit, so wie ich sie sehe und verstehe, zusammenfassen, das Wesentliche auf den Punkt bringen.

Wie jeder Bereich von Bildung braucht auch Naturbildung ein festes gedankliches Fundament. Die gegenwärtige Zeit ist dadurch gekennzeichnet, dass vermeintlich Sicheres und Beständiges in Frage gestellt ist. Durch die drastischen Veränderungen in der Welt – Klimaveränderung, Verlust biologischer Vielfalt, nach wie vor steigende Weltbevölkerung – drohen wir in vielem buchstäblich den Boden unter den Füßen zu verlieren. Eine Situation, der sich auch die Naturbildung stellen muss und die sie vor neue inhaltliche und praktische Herausforderungen stellt. Wie kann es gelingen, die aktuelle Realität weder zu verdrängen noch in Resignation oder Aktionismus zu geraten? Wie können wir in der Naturpädagogik die Bildungsarbeit an dem ausrichten, was unsere wesentlichen Leitvorstellungen und Ziele sind, und gleichzeitig an dem, was jetzt erforderlich ist?

Das vorliegende Büchlein richtet sich in erster Linie an Menschen, die selbst in der Naturpädagogik aktiv sind bzw. aktiv werden wollen. Darüber hinaus sind Personen und Fachkreise angesprochen, die sich konzeptionell mit Naturbildung befassen. Es war mein Bemühen, den Umfang überschaubar zu halten und so zu schreiben, dass die Gedanken von allen interessierten Menschen verstanden werden können.

In den Ausführungen finden sich keine Beschreibungen einzelner Methoden oder Übungen. Letztlich vollzieht sich Bildung zwar immer mittels konkreter Methoden. Doch ist Naturpädagogik mehr als eine bloße Abfolge von Aktivitäten in der Natur. Sie ist fachlich fundierte und reflektierte Bildungsarbeit, methodisch-didaktisch ausgearbeitet, mit konkreten Zielsetzungen für den jeweiligen Anlass. Um dies zu realisieren, muss Naturpädagogik sich bewusst sein, was sie grundsätzlich ist und will, welche Leitbilder sie hat, welche Ziele sie insgesamt verfolgt. Sonst läuft sie Gefahr, allenfalls zufällige Wirkungen zu erzielen. Diese grundlegende Bestimmung ist das Anliegen dieses Büchleins.

Zwei kurze Anmerkungen sprachlicher Art: Zum einen verwende ich die Begriffe „Naturpädagogik" und „Naturbildung" weitgehend deckungsgleich und austauschbar. „Naturpädagogik" ist der gängigere Begriff, lässt aber tendenziell eher Kinder und Jugendliche assoziieren als der in meinen Augen umfassendere und passendere Begriff „Naturbildung". Ausführlicheres zu den Begrifflichkeiten findet sich im Kapitel 4 „Naturbildung als Weltbeziehungsbildung" und im daran anschließenden Exkurs „Begrifflichkeiten und Ansätze".

Zum anderen: Ich verwende keine Genderschreibweise. Bei Berufs- oder Tätigkeitsbezeichnungen verwende ich weibliche und männliche Bezeichnungen nebeneinander oder wechsle sie ab. Wo es nach meinem Empfinden sinnvoll passt, verwende ich Partizipialformen. Wo immer ich von Menschen spreche, sind Personen jeglicher geschlechtlichen Identität gemeint.

1   Was ist eigentlich Natur?
Unser Bild von Natur

„Natur" ist sowohl der Ort bzw. der Raum, in dem Naturpädagogik stattfindet als auch ihr ureigenes Thema. Wir alle reden im Alltag ganz selbstverständlich von „Natur", etwa davon, dass sie im Winter „schläft" und im Frühling „wieder erwacht", dass sie uns „guttut" oder dass sie „in Gefahr" ist. Wir sprechen davon, dass etwas „unserer eigenen Natur" entspricht oder auch nicht.

➜ Doch was *ist* eigentlich Natur? Und was ist *nicht* Natur?

Es gibt Berge, Seen, Flüsse, Wälder. Es gibt Bäume, Gräser und Blumen. Es gibt Vögel, Insekten, Igel und Rehe, Bakterien und Viren – eine unermessliche Zahl von Wesen, die mit uns auf dieser Welt leben. Es gibt die Erde, die Sonne, den Mond, Wolken in unterschiedlicher Gestalt. Es gibt Sterne, Galaxien, schwarze Löcher. Es gibt uns Menschen, unser Atmen, das Schlagen unseres Herzens, unseren Hunger und Durst, unser Tun und Handeln. Was davon ist Natur, was nicht? Ist ein von Menschen angelegter Kiefernforst Natur? Gibt es einen Unterschied zwischen dem Bau eines Bibers und den Häusern von Menschen? Wenn ja, worin besteht er?

Natur wird häufig gegenständlich vorgestellt: eben die Bäume, der Wald, die Wiesen, die Vögel, die Berge. Auch sprechen wir davon, dass wir „rausgehen in die Natur" – und setzen Natur damit geschlossenen Räumen und dem menschlichen Siedlungsraum entgegen. Oft wird Natur auch von ihrem vermeintlichen Gegenteil, der menschlichen Kultur, her definiert. In dieser Entgegensetzung kommt eine gewisse Distanzierung des Menschen von der Natur zum Ausdruck: Natur ist das Andere außerhalb unseres eigenen Bereichs. Aber gehören wir Menschen nicht dazu? Wir bestehen doch schließlich aus demselben „Material" wie alles andere auch? Oder gehören wir selbst zwar dazu, aber das, was wir schaffen und herstellen, nicht?

Wenn wir aber wirklich ganz dazugehören, kann es dann überhaupt etwas geben, was nicht Natur ist? Ist letztlich *alles* Natur?

Wenn man den Begriff jedoch zu weit ausdehnt, droht er bedeutungslos zu werden. Jeder sprachliche Begriff bestimmt sich eben auch durch das, was er *nicht* ist, wovon er sich abgrenzt. Unser Naturbegriff ist immer auch ein kulturelles Konstrukt. Ein ambivalentes: In den Sprachen indigener Völker gibt es häufig kein eigenes Wort für „Natur" – ein Hinweis darauf, dass diese sich selbst als so eingebunden in die Welt erleben, dass sie keinen Blick von „außen" darauf werfen.

Der Duden definiert „Natur" als „das ohne fremdes Zutun Gewordene, Gewachsene; die Schöpfung; die Welt". Das Wort geht zurück auf das lateinische „natura" mit der Bedeutung „Geburt, Hervorbringen; natürliche Beschaffenheit; Weltall usw." In diesem Begriff steckt wie im griechischen „physis" die Vorstellung eines autonomen Geschehens, etwas das aus sich selbst heraus geschieht und wirkt.

„Natur": eine Metapher also für das, was existiert und da ist, unabhängig vom Wollen und Handeln des Menschen. Eine Metapher für den schöpferischen Prozess des Lebens, der aus sich selbst heraus wirkt und in den wir Menschen unausweichlich und zeitlebens eingebunden sind. Ein solches weites Naturverständnis erlaubt es uns Menschen, am Natur-Sein teilzuhaben, uns als Teil der Welt zu verstehen, uns zugehörig zu fühlen.

Doch Vorsicht: Natur *nur* als Metapher oder Denk-Kategorie zu verstehen, könnte die Gefahr bergen, dass wir sie auf ein menschliches bzw. kulturelles Konzept reduzieren, auf eine Vorstellung in unseren Köpfen. Damit bestünde das Risiko, dass wir uns mit immer weniger zufriedengeben, denn dieses „aus sich selbst heraus entstehen und vergehen" ist schließlich in jedem Blumentopf und jedem Hinterhof zu finden. Wir dürfen nicht vergessen, dass Natur auch Vielfalt bedeutet und Ausdehnung benötigt: Lebensraum für andere Wesen, Raum für dynamische Entwicklung und Evolutionsprozesse im Großen auf dem Planeten Erde. Natur braucht Fläche, braucht Raum; sie ist Gemeinschaft und Zusammenspiel unzähliger Wesen.

Dies ist der Boden, auf dem auch wir stehen: die Erde einschließlich ihrer Atmosphäre, in deren Ganzes wir eingebunden sind. Die „mehr-als-menschliche Welt", wie sie der US-amerikanische Philosoph *David Abram* nennt. Und so muss es uns gelingen, uns Menschen und unsere kulturelle Sphäre nicht als Gegenpol zur Natur zu verstehen, sondern ein integriertes Naturverständnis zu formulieren, das uns Menschen mit allen unseren Besonderheiten miteinschließt. Das weist in Richtung einer grundsätzlich ökozentrischen Denkweise., die gleichzeitig die menschliche Perspektive und auch unsere eigenen Bedürfnisse anerkennt.

Naturpädagogik knüpft an das an, was im alltäglichen Sprachgebrauch mit Natur verbunden wird: die Natur „draußen", die Bäume und Tiere und Flüsse und Berge ... Dabei geht es nicht nur um das Schöne und Wohltuende. Das hieße Natur zu idealisieren. Sie ist keine „heile Welt". Auch das, was uns schreckt, ängstigt, ekelt, bedroht, gehört dazu. Gleichzeitig geht Naturbildung über einen sich vom Menschen abgrenzenden Naturbegriff hinaus und schließt uns mit ein in dem Sinne, dass wir als Menschen teilhaben an natürlichen Prozessen, dass unser ganzes Leben selbst ein natürlicher Prozess ist. Dass wir eine Lebensform, eine Spezies sind unter unzähligen anderen, mit denen wir an unserem Lebensort und im gesamten System Erde auf mannigfache Weise verbunden sind.

2 In Beziehungen leben. Unser Bild vom Menschen

Das skizzierte Weltbild gibt auch den Rahmen für ein entsprechendes Menschenbild:

→ Was für ein Menschenbild leitet uns in der Naturbildung?

Jedes Lebewesen steht in vielfältigen Beziehungen zu der es umgebenden Welt: zum Ökosystem, in dem es lebt und zu den anderen dort existierenden Faktoren und Akteuren oder Wesen. Das trifft auch auf uns Menschen zu. Wir existieren im Kontext unserer Beziehungen, haben uns entwickelt und entwickeln uns in und durch unsere Beziehungen. Das gilt sowohl auf der Ebene der Evolution als auch auf der Ebene individueller Entwicklung. Es gilt unabhängig davon, ob wir dies wahrnehmen oder nicht. Als natürliche Wesen haben wir wie jede Spezies unsere Besonderheiten, die Art und Weise, wie wir Menschen in Beziehung sind zur Welt. Dabei sind wir graduell verschieden und nicht fundamental anders. Es gibt viel, was wir mit anderen Lebewesen gemeinsam haben. Auch folgt aus „in manchem anders" nicht „besser" oder „höherwertig". Wir gehören zur „Lebensgemeinschaft Erde" und haben in ihr unsere Herkunft, unseren Platz und unsere Zukunft. Dieses Bild vom Menschen als Beziehungswesen nennt man ökologisches Menschenbild. Ökologie ist die Wissenschaft von (Wechsel-)Beziehungen, sie untersucht Beziehungsnetze.

Darüber hinaus sind wir Menschen soziale Lebewesen. Wir leben in der Regel mit anderen Menschen gemeinsam, in Gesellschaft(en). Mit unseren zwischenmenschlichen Beziehungen befassen sich die Wissenschaften der Soziologie und der Psychologie. Die Öko- oder Umweltpsychologie realisiert und beschreibt, dass wir Menschen nicht nur zu anderen Menschen in Beziehung stehen, sondern in einem viel größeren Beziehungsgeflecht. Zwischenmenschliche Beziehungen und „Naturbeziehungen" weisen dabei einige strukturelle Gemeinsamkeiten auf:

Beziehungen

- implizieren: es gibt den/die/das „Andere", das „Nicht-Ich", das Gegenüber
- nähren sich aus Kontakt, aus Begegnung, aus Umgang miteinander
- sind dynamisch, veränderlich, wandelbar – man kann sie aufbauen, herstellen, wachsen lassen, pflegen, ignorieren, vernachlässigen, wieder neu aufnehmen ...
- werden geprägt von unseren Einstellungen, Haltungen, Werten, unserem kulturellen und biografischen Hintergrund, aber auch von unserer momentanen Stimmung, unseren Absichten und Interessen.

Im zwischenmenschlichen Kontext und allgemeinen Sprachgebrauch existiert Beziehung primär zwischen einzelnen Personen, Individuen: Wir stehen in Beziehung zu unseren Eltern, Kindern, Partnerinnen und anderen Familienangehörigen, zu Freunden, Arbeitskolleginnen, Bekannten usw. Doch geht zwischenmenschliches Beziehungsgeschehen über die Beziehung zu einzelnen Menschen hinaus. Wir stehen in Beziehungsgefügen bei der Arbeit, in Familiensystemen, Hausgemeinschaften, Nachbarschaft, Dorfgemeinschaften usw.

„Naturbeziehung" ist ein Überbegriff über eine Vielzahl von Beziehungssträngen zur mehr-als-menschlichen Welt. Wie lassen sich die verschiedenen Dimensionen dieser Beziehungen, ohne Anspruch auf Vollständigkeit, näher beschreiben?

- **Beziehungen zu einzelnen Tieren und Pflanzen** („Lebewesen"): Hier fallen uns vielleicht zunächst unsere Haustiere ein, unsere Katze, der Hund, das Meerschweinchen. Diese Art von Beziehung kommt der zwischenmenschlichen Beziehung zu einer anderen Person am nächsten. Wechselseitigkeit ist spürbar. Ähnliches gilt grundsätzlich für Nutztiere, zumindest außerhalb von Massentierhaltung. Auch zu individuellen Wildtieren ist Beziehung möglich: zu der Amsel im Garten, die ich an ihrem individuellen Gesang erkenne und die auch mich an meiner Art zu gehen kennt und als ungefährlich bewertet, die ich vor der Bedrohung durch Nachbars Katze zu schützen versuche ... Zum Igel und zum Marder, die um mein Haus herumstreifen, die ich abends zuweilen zu Gesicht bekomme. Zum Reh, das abends zum Äsen auf der Wiese aus dem Wald heraustritt oder sich gar in meinen Garten traut. Zum Fuchs, der sich im Halbdunkel immer wieder durch die Stadt schleicht. In diesen Fällen ist das Beziehungsgeschehen in der Regel flüchtiger, wir spüren weniger Wechselseitigkeit als bei unseren Haustieren.

Ähnliches gilt für unsere Beziehungen zu einzelnen Pflanzen, etwa zu einem bestimmten Baum oder einem Strauch, ob im Garten, Dorf oder Wald. Dort ist die erlebte Wechselseitigkeit tendenziell noch geringer. Dennoch ist es spürbare Beziehung zu einem Individuum, das für mich in irgendeiner Weise eine *Bedeutung* hat (z. B. der Baum, der mir Schutz in Form von Schatten bietet, dessen Früchte ich aufsammle, der mir bei Sturm zur Gefahrenquelle werden kann).

- **Beziehungen zu Spezies bzw. Lebensformen**: Über Beziehungen zu Individuen hinaus gibt es Beziehungen zu Gruppen von Lebewesen. Das kommt z. B. in Aussagen zum Ausdruck wie „Sie hat eine besondere Beziehung zu Pferden (Orchideen, Bäumen, Vögeln, ...)". Diese Art von Beziehung ist nicht auf ein Individuum beschränkt, sie konkretisiert sich aber unweigerlich an Einzelwesen, wird sozusagen aktiviert, wenn ein Pferd, ein Greifvogel, ein Nussbaum tatsächlich da ist und ich in eine konkrete individuelle Beziehung trete. Das weist in Bereiche wie Archetypen, Totems, „Krafttiere" bzw. „Kraftpflanzen", aber auch auf Gruppen von Lebewesen, die bei mir Angst oder Ekel erregen. Sie sind für mich bedeutsam, auch wenn sie aktuell nicht präsent sind.

- **Beziehungen zu Orten**: Damit sind zunächst reale Plätze gemeint, die für mich in meinem Lebensumfeld eine Rolle spielen bzw. eine Bedeutung haben. Das beginnt im Garten, Park oder Wald an meinem Lebensort, am See, an dem ich im Sommer baden kann. Diese Dimension von Beziehung umfasst die heimatliche Landschaft insgesamt, in der ich mich bewege, arbeite, Sport treibe, die Landschaftslinien, die meinen Horizont bilden, der Boden und das Gestein auf dem ich stehe. Dazu gehören des Weiteren Orte, Regionen und Landschaften, die ich etwa im Urlaub aufsuche, möglicherweise nicht nur einmalig, sondern wiederkehrend. Dazu gehören ebenfalls die Orte, von denen meine Nahrung stammt und mein Trinkwasser kommt – egal ob ich sie kenne oder nicht, egal wie weit weg sie gelegen sind.

- **Beziehungen zu Landschaftstypen**: Wie bei Tieren und Pflanzen gibt es über die konkrete Einzelbeziehung hinaus auch Beziehungsstränge zu Typen von Landschaft, die archetypischen Charakter haben, z. B. Gebirge, Meer, Wald und Offenländer wie etwa Wiesen, Wüste, Tundra, Steppe. Wir spüren deren Qualitäten und Wirkungen auf unseren Organismus, auf unsere Stimmung, Befindlichkeit, unsere Energie. Sie sind nicht nur Ökotope, sondern auch Psychotope. Und je nach Veranlagung und aktueller Verfassung zieht es uns manchmal in bestimmte Landschaften, weil sie uns guttun, herausfordern, entspannen, anregen.

- **Beziehungen zum Gesamtgefüge**: Als Menschen sind wir zeitlebens eingebunden in ein Gesamtgefüge: wir sind abhängig von der Energie der Sonne, von Luft und Wasser, von der Nahrung, die wir aus Pflanzen oder Tieren gewinnen; wir teilen uns die Welt mit anderen Wesen, leben im selben Lebensraum. Jeden Moment unseres Lebens stehen wir in Beziehungsgeflechten, im Zusammenspiel der konkret an unserem Ort wirkenden Kräfte, Prozesse und Kreisläufe, im Zusammenspiel der Elemente, im Energiefluss, in Nahrungsketten. Und wir leben in den Grundrhythmen, in denen das Leben auf diesem Planeten sich vollzieht: Tag und Nacht, die Jahreszeiten, die Bewegungen des Wetters. Diese Verbindungen sind nicht durchtrennbar.

All dies sind Facetten, Stränge im Netz unserer „Naturbeziehungen". Das hat zum einen eine **faktische Dimension**: Beziehungen, die da sind und wirken, unabhängig davon, ob wir uns ihrer bewusst sind oder nicht. Dazu gehört unser Eingebundensein in ein größeres Ganzes, dazu gehören Abhängigkeiten, unabhängig davon, wie wir sie bewerten, akzeptieren, verdrängen, nicht wahrhaben wollen ...

Zum anderen haben diese „Naturbeziehungen" eine mehr oder weniger **bewusste Dimension**: Beziehungen, die wir spüren, über die wir sprechen können – oder eben auch nicht: Eine Beziehung kann mir unbewusst sein, ich kann sie sogar leugnen, hebe sie und ihre Bedeutung damit aber nicht zwangsläufig auf.

Beziehung wird immer an einem konkreten Anderen manifest. Ausschließlich abstrakte Beziehung gibt es nicht. Sie beginnt an dem Ort, an dem ich lebe und schließt dessen nichtmenschliche Welt und die Wesen mit ein, die hier ihren Lebensraum haben und mit denen ich den Raum teile, das heimische Ökosystem mit all seinen einzelnen Faktoren und Akteuren. Hier ist Beziehung unmittelbar spürbar und erfahrbar. Gleichzeitig gibt es keine wirklichen Grenzen – alles auf diesem Planeten ist in irgendeiner Form miteinander vernetzt. Und so sind mit mir verbunden die Spatzensippe, die unter meinem Dach nistet, der Rotmilan im Luftraum über meinem Dorf und der Steinadler in den Alpen. Ebenso das Gänseblümchen in meinem Garten, der Olivenbaum in Griechenland und die Kakaoplantage in Westafrika – in verschiedenen Graden von Unmittelbarkeit, von Nähe und Entfernung und von stärkerer oder geringerer Bewusstheit auf meiner Seite.

3   Gelingende Beziehungen.
Die Leitvorstellung

Das Skizzieren der Beziehungen, in denen wir Menschen stehen, ist zunächst einmal wertfrei: eine Beschreibung unseres eingebundenen Grundzustands in der Welt. Über das Beschreiben hinaus *bewerten* wir jedoch auch die Ausformung unserer Beziehungen. Damit bewegen wir uns in den Raum des Ethischen. In Beziehung zu stehen hat immer auch ethische Konsequenzen. Wenn wir anerkennen, dass wir in umfassenderen als nur menschlichen Beziehungsgeflechten stehen, muss menschliche Ethik deshalb auch die Vielfalt unserer Beziehungen zur mehr-als-menschlichen Welt in den Blick nehmen.

→ Wann können wir Beziehungen zur mehr-als-menschlichen Welt als „gelungen" betrachten?

Menschliche Beziehungen können sehr unterschiedliche Ausprägungen haben. In Beziehungen gibt es Partnerschaftlichkeit, aber auch Ausbeutung oder Unterdrückung. Es gibt Beziehungen, die vor allem auf Macht oder Angst beruhen. Das sind Beziehungsformen, die einer gewissen Unreife entsprechen, Ausdruck nicht gelungener bzw. nicht-erwachsener Beziehungsgestaltung.

Für eine Leitvorstellung des Gelingens dagegen spielt eine wesentliche Rolle, dass wir Menschen die Fähigkeit zu Empathie haben. Wir können uns in gewissem Maß in ein Gegenüber versetzen. Mit fortschreitendem Heranwachsen vermögen wir es auch zunehmend, von unserer eigenen Sicht zu abstrahieren, Dinge aus einer Art gedanklichem Abstand, aus einer „Vogelperspektive" und im Blick auf das Ganze zu betrachten.

Deshalb können wir auch Aussagen darüber wagen, wann Beziehungen nicht nur aus unserer eigenen persönlichen oder einer bloß menschlichen Perspektive, sondern *im Sinne des Ganzen –* eines Lebensraums, einer Bioregion, des Planeten Erde – gelungen sind.

In dieser Weise hat z. B. der US-Amerikaner *Aldo Leopold* bereits 1949 als Leitlinie formuliert, dass eine Handlung dann richtig ist, wenn sie „dazu beiträgt, die Integrität, Stabilität und Schönheit der Natur zu erhalten" (*Leopold 1992; S. 174*). Wenn sie das Gegenteil bewirkt, ist sie falsch.

Dabei müssen wir bedenken, dass Beziehungen immer eine individuelle Komponente haben und sich im Laufe des menschlichen Lebens und unserer persönlichen Entwicklung verändern (müssen).

Vor diesem Hintergrund lässt sich folgende Annäherung formulieren: Gelungene Beziehungen zur mehr-als-menschlichen Welt enthalten

- ein „Ja" zu faktisch existierenden Beziehungssträngen und ein stetig wachsendes Bewusstsein für sie
- ein maßvolles Bild meiner selbst in diesen Beziehungen
- das Zulassen, dass Energie (weiter)fließt
- das Einfügen in natürliche Rhythmen
- eine grundsätzliche Akzeptanz Anderer bei gleichzeitiger Wahrnehmung von Differenz
- respektvolle Co-Existenz: Interesse am Wohlergehen anderer Wesen und am Wohl des Ganzen
- Differenziertheit, d. h. die Fähigkeit, Vielfalt und verschiedene Facetten der Beziehung wahrzunehmen
- ein gewisses Maß an Kenntnis, an Erfahrungswissen und Vertrautheit
- ein gewisses Maß an Emotion (durchaus individuell unterschiedlich), dabei Offenheit auch für unangenehme Gefühle
- eine Praxis der Beziehungspflege und Momente unmittelbarer Begegnung
- die Fähigkeit, Widersprüchlichkeiten zu akzeptieren und auszuhalten
- Neugier, Offenbleiben für neue Einsichten, für Veränderung
- die Integration meiner Individualität (*meiner* Art, Beziehung zu leben und zu pflegen)

- ein mit zunehmendem Lebensalter wachsendes Maß an Verbindlichkeit und Verantwortung, Sorge und Engagement für Andere(s)

Diese Beschreibung gelungener Beziehung zur mehr-als-menschlichen Welt steht in Kontrast zu unserer abendländischen Tradition, die geprägt ist von unserem jüdisch-christlichen Erbe, von der Aufklärung und den Naturwissenschaften. In diesem Verständnis kann und soll Natur vom Menschen beherrscht und kontrolliert und als Ressource genutzt und ausgebeutet werden. Das dahinterstehende Weltbild, in dem der Mensch im Mittelpunkt steht und alles andere zu seiner „Um-Welt" reduziert ist, ist nach wie vor präsent bis dominant, in der Politik wie im individuellen Denken und Empfinden.

Dem entgegen steht eine Leitvorstellung, die an die Grundhaltung vieler indigener Kulturen anknüpft: wir Menschen in einem Beziehungsgeflecht mit Tieren, Pflanzen, Landschaften – bewusst, gespürt, respektvoll, in einer Haltung von Achtung und Wertschätzung der Welt gegenüber. Nicht nur faktische Verbindung, sondern auch gespürte Verbundenheit. Rücksicht und Mitgefühl, Geben und Nehmen.

Diese Grundhaltung wird – auch in der Naturpädagogik – zuweilen mit dem Wort „Liebe" beschrieben (z. B. als Motto „Liebe wecken, Liebe üben und Liebe reflektieren" bei *Michael Kalff*). Das wird manchmal als Gefühlsduselei abgelehnt. Und in der Tat: Umfasst „Liebe" auch die Aspekte der Welt, die uns weniger gut gefallen oder die uns bedrohlich erscheinen wie etwa Viren, Zecken oder Naturgewalten? Wenn man Liebe jedoch eher als Haltung von Akzeptanz, Wertschätzung und Wohlwollen versteht, als ein grundsätzliches „Ja" zum anderen (siehe *Gerald Hüther*), ist „Liebe" durchaus eine angemessene Beschreibung für eine gelungene Beziehung.

Viele Menschen fühlen sich der Natur gegenüber jedoch distanziert bis fremd. Mit einem zunehmenden Verschwinden der Natur aus unserem alltäglichen Horizont geht oft gleichzeitig eine romantische Verklärung oder Überhöhung der Natur im Denken einher. In dieser Entfremdung und der damit korrespondierenden Spaltung im Denken (hier „Mensch" – dort „Natur") liegen die

Ursachen unseres Umgangs mit der Welt, dessen zerstörerische Konsequenzen inzwischen überdeutlich sind.

Als Gegenpol zum Zustand der Entfremdung hat der Soziologe *Hartmut Rosa* das Phänomen der Resonanz beschrieben. In Resonanz zu sein ist nicht primär ein emotionaler Zustand, sondern ein Beziehungsmodus. Eine Resonanzbeziehung ist gekennzeichnet durch Hören und Antworten, sie ist eine „Antwortbeziehung". Wesentlich dafür ist ein Moment von Unverfügbarkeit: Man kann Resonanz nicht herstellen – man kann sie aber auch nie ausschließen.

4   Naturbildung als Weltbeziehungsbildung

In Beziehungen werden wir hineingeboren, sie werden geformt und geprägt durch unsere Erfahrungen, verändern sich im Zuge unseres Heranwachsens. Zuweilen entstehen neue Beziehungen, zuweilen lösen sich Beziehungen wieder auf. In manchen Lebensphasen geschieht dies ausgeprägter als in anderen, und doch geschieht es unser Leben lang.

Beziehungen brauchen Hinführung und Vorbilder, wenn Kinder in die Welt hineinwachsen. Aber auch als Erwachsene brauchen wir Impulse dafür, unsere vielfältigen Beziehungen zur mehr-als-menschlichen Welt zu spüren, uns ihrer umfassender bewusst zu werden, sie zu verändern und gelingender zu gestalten.

➜ Welches Potenzial hat nun *Bildung*, zu gelungenen Naturbeziehungen beizutragen?

Befasst sich Bildung überhaupt mit Beziehungen? Geht es in der Bildung nicht primär darum, Wissen zu vermitteln?

Der Begriff „Bildung" ist ein spezifisch deutscher: komplex und schillernd, ursprünglich im handwerklichen oder künstlerischen Zusammenhang gebraucht. Man denke an eine Bildhauerin, die aus einem Stein oder einem Stück Holz eine Form herausarbeitet, die sie vor ihrem inneren Auge schon darin gesehen hat. Über die Verwendung in der deutschen Mystik im 13./14. Jahrhundert hat „bilden" dann später Einzug in die Pädagogik gehalten. Im Humanismus steht der Begriff für das Herausarbeiten und Vervollkommnen der eigenen Persönlichkeit.

Heute meint Bildung den lebenslangen, aktiven Prozess, sich mit der Welt auseinanderzusetzen und zu lernen. Das beginnt schon direkt nach der Geburt. In den ersten Lebensjahren werden wesentliche Voraussetzungen für alle späteren Bildungsprozesse gelegt. Dabei geht es nie nur um die Welt als solche, sondern immer auch um die Beziehungen, in welchen ich mit ihr und in ihr verbunden bin. Für *Hartmut Rosa* ist Bildung immer „Weltbeziehungsbildung". Sie hat zum Ziel, Resonanz zu fördern. Dazu gehört selbstverständlich auch ein Zuwachs an Wissen. Bildung ist aber nicht darauf zu reduzieren. Da Resonanz immer etwas Unverfügbares hat, gibt es auch in diesem Bildungsgeschehen keine Garantien: Man weiß nie, was dabei herauskommt.

Lernprozesse sind Lebensprozesse. Sie brauchen ihre Zeit, die Möglichkeit, im eigenen Tempo zu gehen. Sie brauchen Zeiten des Pausierens, des Verdauens. Sie benötigen eine gewisse Muße, elementare Grundbedürfnisse müssen gestillt sein. Geeigneter Ausgangspunkt für gelungene Bildung ist das reale Phänomen, das mich fasziniert, irritiert, verwundert, staunen lässt und mich stimuliert, Fragen zu stellen, „wie" oder „warum" oder „wozu" ... Hilfreich für den Prozess des Lernens ist eine unterstützende und zuweilen auch herausfordernde Begleitung durch andere Menschen, die mich bei meinem Fragen und Suchen halten, mich in der Beziehung, im Kontakt halten zu dem, was mein Interesse geweckt hat. Nach *Ulrich Gebhard* steht Beziehung dem Lernprozess stets voran. Eine Distanzierung von Gelerntem in beschreibender oder gar wissenschaftlicher Sprache kommt immer erst in einem späteren Schritt (*Hartmut Rosa*).

Selbstverständlich vollziehen sich Lernprozesse nicht nur in definierten Bildungskontexten. Jeder Ort, jede Lebenssituation hat Bildungspotenzial. In formaler Bildung wird dieser Prozess aber explizit in den Blick genommen und mit bestimmten Zielsetzungen bzgl. des Lernens verbunden.

Wie kann nun Bildung aussehen, die gezielt die Natur, die mehr-als-menschliche Welt in den Fokus nimmt?

Im Sinne gelungener Beziehungen geht es in solch einer Bildung um eine Förderung der Bewegung von Fremd-Sein hin zu **Vertraut-Sein**, von Empfindungslosigkeit hin zum **Erleben von Resonanz**, von Unbewusstheit hin zu **Bewusstheit**, von Unkenntnis hin zu **Wissen** und **Verständnis**, vom Ausnutzen und von Gleichgültigkeit hin zu **respektvoller Co-Existenz** und **Partnerschaftlichkeit**, von der Unverbindlichkeit hin zum **Commitment,** zu tätiger Sorge und Engagement für die mehr-als-menschliche Welt.

Ausgangspunkt für alles Weitere ist dabei das Vertraut-Sein mit Natur. Naturvertrautheit entsteht durch intensiven, vielfältigen

Naturkontakt, durch unmittelbare eigene Erfahrungen. Dazu gehört es, mich selbst im Naturgefüge zu erleben, gefühlsmäßig beteiligt zu sein, Erfahrungswissen über Naturphänomene, über andere Lebewesen und Zusammenhänge zu erwerben und zu vertiefen, Geübtheit im Umgang mit Natur zu entwickeln. Zentrale Bedeutung hat das eigene Erleben – nicht als passiver Gegensatz zum Tun, sondern als direktes „In-Kontakt-Sein" mit der Welt. Lernen *im* Erleben geht tiefer und wirkt anhaltender als das Lernen aus abstrahierten Erfahrungen. Erleben ist dabei immer Erleben des einzelnen Menschen: individuell, einzigartig, einmalig.

Die unmittelbare Erfahrung von Natur ist Basis der Naturbildung. Ihr kommt in unserer Zeit besondere Bedeutung zu: Sie ist Kontrasterfahrung, Gegenpol zu einer immer stärker technisierten Alltags- und Berufswelt, zu virtuellen Welten, zu einer Welt, in der es anscheinend nur um den Menschen geht. In der Erfahrung von Natur relativieren sich die eigene Größe und eigene Vorstellungen. Das ist für eine angemessene, gesunde Selbst- und Welteinschätzung unabdingbar.

Naturerfahrung bedeutet auch geistige Anregung: Je komplexer und erfahrungsreicher die Umgebung, je vielfältiger die Beziehungen, die der Mensch in ihr eingehen kann, desto intensiver das kognitive Wachstum. Das gilt nicht nur in der Lernphase der Kindheit. Ebenso ist das Erleben von Natur unabdingbar für unsere leiblich-seelische Gesundheit, für das Erleben von Schönheit und Vielfalt, von natürlichen Farben und Formen, Klängen und Gerüchen, das Erleben der Tiefe und Weite des Raums und der Vielfalt der Lebensformen. Dies ermöglicht uns die Erfahrung, dass wir in einen größeren Zusammenhang eingebettet sind – die Erfahrung von Verbunden-Sein.

Der erste Schritt in dieser Art von Bildung ist es deshalb, den Erlebens- und Erfahrungsraum Natur für Menschen zu erschließen und zugänglich zu machen. Für immer mehr Kinder ist dies kaum noch eigeninitiativ möglich und deshalb mitunter komplett fremd. An die Erschließung dieses Raums anknüpfend folgt dann die Beschäftigung und Auseinandersetzung mit dem, was in diesem Erlebens- und Erfahrungsraum da ist.

Bildung mit diesem Ansatz und Ziel ist „**Naturpädagogik**" oder „**Naturbildung**". „Naturpädagogik" ist der gängigere Begriff. „Pädagogik" geht zurück auf das griechische „παῖς" (Knabe, Kind) und „ἄγειν" (führen, leiten) und deutet mehr auf Bildung und Erziehung von Kindern und Jugendlichen hin als das allgemeinere „Bildung", das vom Wort her alle Lebensalter deutlicher miteinschließt. Der Begriff „Naturbildung" wurde in den 1990er Jahren vor allem von *Gerhard Trommer* und *Wilfried Janßen* geprägt und geschärft. Sie betonen die Wichtigkeit konkreter originärer Naturerfahrung, vor allem das Erleben wilder Natur. Dies muss aber gekoppelt sein mit ökologischer Bildung, d. h. mit einem Zuwachs von Wissen und Verständnis für ökologische Prozesse und Zusammenhänge. Lernen als selbst gesteuerter Prozess, als Erfahrungs- und Handlungslernen steht im Mittelpunkt. Ich verwende die beiden Begriffe „Naturpädagogik" und „Naturbildung" weitgehend austauschbar.

Naturpädagogik / Naturbildung
zielt also auf einen Zuwachs von

Vertrautheit
Resonanz und damit von persönlicher Bedeutsamkeit
Wissen und Verständnis
Bewusstheit
respektvoller Co-Existenz und Partnerschaftlichkeit
Commitment

Dafür sucht sie den direkten Kontakt zur mehr-als-menschlichen Welt, zu Naturräumen als Erlebens-, Erfahrungs- und Lernräumen. Das ist Weltbeziehung in Unmittelbarkeit und Nähe. Naturbildung möchte Kontakt herstellen, Beziehungen bewusst und spürbar machen, Wissen und Verständnis erweitern mit dem Ziel, dass wir uns in unserem Fühlen und Denken, unserem Erleben und Handeln in das integrieren, was die ganze Zeit da ist: das Beziehungsgeflecht, in dem wir leben. Uns integriert zu wissen und zu erleben. Sie ist Beziehungsbildung und damit Beziehungsarbeit.

Eine Grundhaltung von Achtung, Respekt und Wertschätzung gegenüber allem was existiert sowie Empathie, Verständnis, Fairness als Kriterien für den Umgang miteinander sind für diese Bildungsarbeit maßgeblich.

Im Sinne eines umfassenden Naturverständnisses gehört zur Naturbildung wesentlich dazu, dass Menschen ihr eigenes lebendiges Natur-Sein spüren, natürliche Prozesse bei sich selbst bewusst erleben (Hunger und Durst, Müdigkeit und Schlaf, Krankheit und Gesundung usw.) und sich insofern als nicht wesentlich getrennt und anders, sondern als zugehörig und verbunden erleben. Und nicht zuletzt gehört zur Naturbildung der Austausch von Erfahrungen, das Blicken über das konkret Wahrnehmbare hinaus, das Bewegen von ethischen Fragen, von Sinnfragen, die Auseinandersetzung mit Werten und dem eigenen Lebensstil.

Die formulierten Bildungsziele haben kurzfristige, mittelfristige und langfristige Dimensionen. Einige Ziele können unmittelbar erreicht werden, auch wenn es wie gesagt nie Garantien gibt. Andere wie etwa ein tätiges Engagement für die Welt weisen über den formalen Rahmen einer Bildungsveranstaltung hinaus. Sie werden eher mittelbar verfolgt und liegen stärker in der Eigenverantwortung jeder und jedes Einzelnen. Dennoch gehört der gesamte Zielhorizont von Resonanz und Vertrautheit bis hin zum Commitment wesentlich zur Naturbildung dazu.

Exkurs: Begrifflichkeiten und Ansätze

Mehr oder weniger parallel zum Begriff „Naturpädagogik" ist mancherorts der Begriff „Naturerlebnispädagogik" in Gebrauch. Er geht zurück auf die Beschreibung von Spielen und Aktivitäten des US-Amerikaners *Joseph Cornell*, der mit seinen Büchern „Mit Kindern die Natur erleben" und „Mit Freude die Natur erleben" und seinen auch in Europa gehaltenen Workshops in den 1980er und 1990er Jahren die naturpädagogische Praxis inspiriert und beeinflusst hat. In der deutschen Übersetzung seiner Bücher taucht für diese Arbeit der Begriff „Naturerlebnispädagogik" auf.

Dieser Begriff ist deshalb nicht ganz glücklich, weil in ihm nicht eindeutig klar ist, ob es sich um „Naturerlebnis-Pädagogik" oder um „Natur-Erlebnispädagogik" geht. Meiner Erfahrung nach ist vielen Menschen der Unterschied zwischen „Naturpädagogik" und „Erlebnispädagogik" nicht klar, eine Trennschärfe halte ich jedoch für hilfreich. Erlebnispädagogik geht auf den Reformpädagogen Kurt Hahn zurück und wird z. B. eingesetzt in der Jugendarbeit und zur Teamentwicklung. Mittels Erfahrungen außerhalb der eigenen Komfortzone und außerhalb der gewohnten Umgebung sollen gewohnte alltägliche Verhaltensmuster durchbrochen und durch neue ersetzt werden. Ziel ist das Erwerben persönlicher und sozialer Kompetenzen und der Transfer in die eigene Lebenssituation, den Alltag. Zentraler Begriff ist das „Erlebnis" als ein besonderes, nicht alltägliches Ereignis. Oft wird dabei die Natur als Erlebnisraum genutzt. Die Zielsetzung bleibt aber in der Regel auf die mitmenschliche Sphäre bezogen. Einzelne Elemente und Methoden aus der erlebnispädagogischen Arbeit können durchaus sinnvoll und bereichernd in die Naturbildung einfließen. Wichtig ist, dass die Zielsetzung des Tuns klar ist und bleibt.

In der Schweiz ist anstelle von „Naturbildung" der Begriff „Naturbezogene Umweltbildung" geläufig, der in etwa dasselbe meint wie Naturbildung.

Der Ansatz der „Wildnispädagogik" beruht vor allem auf der Arbeit von *Tom Brown Jr.* und seiner „Tracker School" in den USA, hat sich aber auch in Deutschland und anderen Ländern Europas ausgebreitet. Der Ansatz bezieht sich explizit auf das Wissen und die Kenntnisse indigener Kulturen, vor allem aus Nordamerika, an und verbindet die Schulung der Wahrnehmung, das Erlernen praktischer Fertigkeiten, das Kennen von Wildpflanzen und Tierspuren mit der Belebung spiritueller Elemente. Als Methode im Zentrum steht das „Coyote Teaching" oder „Coyote Mentoring", dessen Grundhaltung ist, die Lernenden beim eigenen Suchen nach Antworten und Lösungen zu unterstützen, anstatt ihnen Antworten zu geben.

Der Begriff „Wildnis" ist zumindest in der Arbeit in Europa irreführend, da die Arbeit nicht den Anspruch hat, in einer wie auch immer definierten Wildnis stattzufinden, die hierzulande schwer zu finden, geschweige denn für Bildungsarbeit nutzbar ist. Als „Wildnisbildung" hat der Ansatz aber Eingang gefunden in die Bildungsarbeit in Nationalparken und anderen Großschutzgebieten.

Die mit „Naturbildung" bzw. „Naturpädagogik" beschriebene Bildungsarbeit bezieht sich auf Menschen während ihres gesamten Lebens. Je nach Lebensalter und Kontext stehen andere Aspekte im Vordergrund. „Wildnispädagogik" ist eine bestimmte Ausformung von Naturbildung mit den oben beschriebenen inhaltlichen Schwerpunkten und einer entsprechenden geistigen Ausrichtung.

Naturpädagogik hat sich mittlerweile ausdifferenziert in bestimmte Teilbereiche, die sich auf einzelne Naturräume oder Ausschnitte der mehr-als-menschlichen Welt beziehen. So gibt es z. B. „Fließgewässerpädagogik", „Streuobstpädagogik", „Wildpflanzenpädagogik", „Gartenpädagogik" und andere mehr. Am bekanntesten und geläufigsten ist die „Waldpädagogik", die sich dem Naturraum Wald widmet. Bekannt ist sie zum einen deshalb, weil Wald bei uns in der Regel die potenzielle natürliche Vegetation darstellt und von den meisten Menschen stark mit „Natur" und auch mit „Erholung" assoziiert wird. Bekannt ist die Waldpädagogik aber auch deshalb, weil mit den forstlichen Einrichtungen ein einflussreicher staatlicher Akteur diese Arbeit prägt. Dort geht es im Selbstverständnis der eigenen Bildungsarbeit immer auch darum, das Wirtschaften im Wald den Menschen näher zu bringen – ein potenzieller Interessenskonflikt, der z. B. in den Diskussionen um den Bestsellerautor Peter Wohlleben und seine kritische Haltung zur gängigen Praxis der Waldbewirtschaftung deutlich wird.

Übrigens hat die englische Sprache – anders als die deutsche – keine unterschiedlichen Begriffe zur Verfügung für „Bildung" bzw. „Erziehung". Sie verwendet durchgängig den Begriff „education".

5   Die Werkzeuge der Naturbildung: Didaktik, Methodik, Person

Nachdem die Ziele von Naturbildung bestimmt sind, richtet sich der Blick nun auf die konkrete Bildungsarbeit selbst:

➜ Welche Werkzeuge haben Naturpädagoginnen und Naturpädagogen für ihre Arbeit zur Verfügung?

Ähnlich wie das auch für andere Bildungszusammenhänge zutrifft, wirken Naturpädagoginnen und Naturpädagogen.

- durch didaktisches Handeln
- durch den Einsatz von Methoden
- als die Personen, die sie sind

Im konkreten Tun fließen diese Werkzeuge oder Handlungsebenen ineinander.

Didaktisches Handeln

Didaktik ist ein zentraler Begriff der Bildung und kann übersetzt werden als die Kunst, Lernprozesse zu arrangieren. Didaktisches Handeln bezieht sich vor allem auf die Vorbereitung von Bildungsveranstaltungen, auf Planungen und Entscheidungen vor Beginn. Grundstein ist das Formulieren von Veranstaltungszielen: Was will ich konkret mit dieser Veranstaltung erreichen? Was soll sie bei den Teilnehmenden bewirken? Es gilt, aus allgemeinen Zielen der Naturbildung, wie sie im vorigen Kapitel benannt sind, konkrete, überprüfbare, für einen bestimmten Kontext angemessene und realistische Veranstaltungszielen abzuleiten. Je konkreter ich meine Ziele formuliere, desto eher habe ich im Nachhinein die Möglichkeit zu prüfen, ob diese erreicht wurden.

Aus dem Ziel ergibt sich dann der Weg, sprich der Aufbau der Veranstaltung: Wie kann und möchte ich die Ziele erreichen? Bildungsveranstaltungen ähneln der Inszenierung von Theaterstücken: Sie erfordern eine Dramaturgie, eine Struktur mit Anfang und Ende, mit Spannungen und Entspannungen, mit „Aha-Erlebnissen" und Pausen, mit Szenen- und Kulissenwechsel. Dazu gehört der Aufbau eines Spannungsbogens, ein inhaltlicher roter Faden, eine klare Gliederung der Veranstaltung einschließlich Pausen, ein bewusster Anfang und ein prägnanter Abschluss. Gleichzeitig braucht lebendige Naturbildung Planungskonzepte, die offenbleiben für die Interaktion mit den Teilnehmenden und für deren Bedürfnisse, die offen sind für das, was sich ereignet und entwickelt – Konzepte, die sich auf individuelle Erfahrungen und Lernprozesse einlassen und die Spontanes und Überraschungen als belebende Elemente willkommen heißen.

Wie in anderen Bildungskontexten sind auch in der Naturbildung didaktische Modelle entwickelt worden, an denen Naturpädagoginnen und Naturpädagogen sich in ihrer Planung orientieren können. Dazu gehören z. B. das Modell „Flow Learning" von *Joseph Cornell*, die „Vier Ebenen der Naturbegegnung" nach *Michael Kalff*, die „Naturinterpretation" nach *Freeman Tilden* oder das in der Wildnispädagogik verbreitete Modell des „Natürlichen Lernkreislaufs" (z. B. bei *Jon Young*). Sie eignen sich für manche Bildungskontexte mehr, für andere weniger und sind als mögliche Hilfestellung und als Anregung für eigene Überlegungen zu sehen. Immer geht es im Grunde darum, ein Gefühl für die Stimmigkeit der eigenen Planung zu bekommen. Diese muss stimmig sein in Bezug auf die konkrete Zielgruppe und auf die Veranstaltungsziele, auf meine Person und nicht zuletzt auf den Ort der Veranstaltung. Dazu kann die Orientierung an einem solchen Modell hilfreich sein.

Neben allgemeinen didaktischen Überlegungen spielt in der Naturbildung der Ort bzw. das Gebiet, das ich mit anderem Menschen aufsuchen will, eine wesentliche Rolle. Es hilft nichts, den besten didaktischen Plan zu haben, wenn er nicht auf den Platz passt, an dem ich mich aufhalte. Im Gegenteil: Für eine Naturbildung, in der es wesentlich um die Beziehung zur mehr-als-menschlichen Welt geht, ist von zentraler Bedeutung die Offenheit dafür, welche Beziehungen an einem Ort erlebbar sind und entwickelt werden können (siehe dazu auch Kapitel 6). Das heißt, es ist unabdingbar, mich als Naturpädagoge für das zu öffnen, was vor Ort da ist, mich davon inspirieren zu lassen und dabei offen dafür zu bleiben, was sich während der Veranstaltung zeigt. So kann ich im Wechselspiel von eigenen Anliegen, Themen und Zielen mit dem Geschehen vor Ort eine stimmige und flexibel bleibende Planung entwickeln. Eine gelungene Naturbildungsveranstaltung besteht sowohl aus aktivem Gestalten wie aus Zulassen dessen, was geschieht.

Methodik

Die Vielfalt der Facetten unserer Beziehungen zur mehr-als-menschlichen Welt findet sich wieder in der Vielfalt methodischer Zugänge in der Naturbildung. Die von Pestalozzi geprägte Formel einer Pädagogik „mit Herz, Hand und Kopf" hat die Naturpädagogik maßgeblich beeinflusst. Menschen sollen „ganzheitlich", das heißt sowohl emotional als auch kognitiv und körperlich angesprochen werden. Bei der konkreten Methodenauswahl gelten Prinzipien, die auch für andere Bildungszusammenhänge angemessen sind: Methoden und verschiedene Aktivitätsstufen sollten sich abwechseln (Ruhe und Bewegung, zuhören und selbst tun, Eindrücke sammeln und ihnen Ausdruck verleihen). Auch ist es dienlich, wenn Gruppengröße und Gruppenzusammensetzung wechseln (Einzelarbeit, Kleingruppe, Partnerarbeit, Plenum).

Im Folgenden werden einige methodische Interaktionen mit der mehr-als-menschlichen Welt beschrieben, die wichtig sind in der Naturbildung. Die Aufzählung ist typisierend und eher exemplarisch als umfassend. Die genannten Naturzugänge überschneiden und ergänzen sich.

- **Aufenthalt in der Natur, Leben in der Natur**: Indem wir Naturräume aufsuchen, bewegen wir uns aus den geschlossenen Räumen heraus, in denen unser menschliches Leben im Alltag überwiegend stattfindet. Wir verlassen ein Stück Gewohnheit, empfundene Sicherheit, vielleicht die eigene Komfortzone und setzen uns den unmittelbaren Bedingungen der Natur aus: der Erfahrung von Wärme und Kälte, von Feuchtigkeit oder Trockenheit, Licht und Schatten, Wind und Wetter. Wir erleben natürliche Rhythmen, haben direkten Kontakt zu den Elementen. Es begegnen uns andere Arten von

Gefahren. Die Kontrasterfahrung ist umso stärker, je weniger dies gewohnt ist, je herausfordernder die aktuellen Wetter- und Geländebedingungen sind und je länger die Zeit dauert, in der wir in diesem Erfahrungsraum bleiben. Je mehr wir alltägliches Leben mit all seinen Erfordernissen (Essen und Trinken, „Toilettengang", Schlafen) nach draußen verlegen, desto größer die Chance, sich auf einer anderen Ebene zu beheimaten, sich eingebunden zu erleben in ein größeres Ganzes. Das kann und muss natürlich nicht jede Naturbildungsveranstaltung gleich intensiv leisten. Es ist zudem auch kontraproduktiv, Menschen zu überfordern oder in ihre „Panikzone" zu bringen, es braucht ein gutes Maß. Aber auch in zeitlich überschaubaren Settings gibt es das Potenzial, eigene Muster, Gewohnheiten und vermeintliche Behaglichkeitsgrenzen zu durchbrechen bzw. zu erweitern und sich enger einzufügen in die Welt.

- **Unmittelbare Wahrnehmung**: Unsere Sinnesorgane sind die „Einfallspforten" der Wirklichkeit. Durch sie und über sie sind wir in Kontakt mit der Welt. Je reicher und komplexer die Sinneserfahrungen eines Menschen sind, desto komplexer können auch seine Einsichten in Zusammenhänge werden. Aus diesem Grund sind Wahrnehmungsübungen fundamentaler Bestandteil der Naturpädagogik. Je nach Zielsetzung, Gruppe und Kontext werden solche Übungen unterschiedlich eingesetzt. Manchmal richtet sich der Fokus eher auf das Wahrgenommene in der Natur, ein anderes Mal eher auf ungewohnte Weisen des Wahrnehmens selbst. Je nachdem wie eine Übung angeleitet wird, entsteht ein anderes Feld, werden Erlebensräume eröffnet und Erfahrungen möglich. Manchmal geschieht das in spielerischer Form, z. B. mittels Aktivitäten, in denen unser am stärksten genutzter Sinn, das Sehen, ausgeschlossen wird (etwa durch das Verbinden der Augen mit einem Tuch), um sich auf das Hören, Riechen, Fühlen besser konzentrieren zu können.

- **Beobachten, Untersuchen, Forschen, Entdecken**: Geleitet von der eigenen Neugier, dem Interesse an der Welt oder einer formulierten Aufgabenstellung ist dies ein aktiver Zugang, sich mit der mehr-als-menschlichen Welt zu beschäftigen: etwas herausfinden, Dinge benennen, Zusammenhänge erkennen. So können wir Wissen erwerben, das auf direkter Erfahrung beruht und nicht bloß im Internet oder in Büchern recherchiert ist. Aktives Beobachten und Untersuchen kann sich auf alle möglichen Phänomene beziehen: Tiere und ihre Spuren, Pflanzen, Steine, Boden, Wetterphänomene, eine Landschaft als Ganzes. Einfache Hilfsmittel wie etwa Lupen können dabei direkt vor Ort miteingesetzt werden, ebenso Bestimmungshilfen. Wichtig beim Beobachten und Untersuchen ist eine Grundhaltung des Respekts und der Achtung vor anderen Lebewesen und ein achtsamer, rücksichtsvoller Umgang mit ihnen.

- **Information, Wissensvermittlung**: Was selbst erforscht, entdeckt, untersucht und herausgefunden wurde, kann ergänzt und fortgeführt werden durch Vermittlung von weitergehendem naturkundlichem bzw. ökologischem Wissen. Durch mündliche Erklärungen, kurze Vorträge sowie gemeinsame Beschäftigung mit Fachliteratur und ergänzende schriftliche Unterlagen werden Wissen und Verständnis für ökologische Zusammenhänge vertieft und erweitert.

- **Spielen**: Spielen ist eine wesentliche Grunderfahrung des Menschen. Kinder erschließen sich im Spielen die Welt und entwickeln und üben ihre Fähigkeiten. Und auch erwachsene Menschen spielen zuweilen – eine Besonderheit unserer Spezies. Im Spielen erleben wir immer auch uns selbst, sind motorisch oder geistig aktiv, herausgefordert, lebendig. In der Naturpädagogik werden z. B. Spiele mit Naturmaterial eingesetzt oder Gruppenspiele, in denen Zusammenhänge in der Natur auf spielerische Weise dargestellt werden. Für jüngere Kinder ist das freie, nicht angeleitete und nicht mit einem pädagogischen Zweck belegte Spiel in der Natur von großer Bedeutung dafür, sich die Welt zu erschließen.

- **Handwerkliches und künstlerisch-kreatives Tun**: Wenn wir aus Naturmaterialien Gebrauchsgegenstände herstellen, sind wir in engem Kontakt mit dem materiellen Aspekt der Welt und setzen uns handelnd mit ihr auseinander. Wir erfahren in diesem Tun manches über die Beschaffenheit und Eigenart der Dinge. Dabei wird auch deutlich, wie wir Natur nutzen, wie viel wir uns nehmen und mit welcher Haltung. Ähnliches gilt für künstlerisch-kreative Aktivitäten. Im Gestalten mit Naturmaterialien oder auch im Ausdrücken in Sprache, Musik oder Bild findet ein Dialog statt, der im gestalteten Werk sichtbar wird.

- **Pflanzen als Nahrung und Heilmittel**: Pflanzen als unsere Mit-Lebewesen sind uns tägliche Nahrung und heilende Mittel gegen Krankheiten. Wir verleiben sie uns oft wenig bewusst ein. Gerade wild wachsende Pflanzen bieten eine Fülle von Wohltaten für uns. Im Kennenlernen, Sammeln, Verarbeiten, Verzehren oder Anwenden kann eine tiefere Beziehung zu den Pflanzen wachsen sowie Kenntnis ihres Gebundenseins an bestimmte Lebensräume.

- **Lieder, Geschichten, Gedichte**: Der Einbezug von Geschichten, Liedern und Gedichten bietet die Chance, den direkten Naturkontakt anzureichern mit Impulsen, die der Erfahrung anderer Menschen mit der mehr-als-menschlichen Welt entstammen und von ihr inspiriert sind. In Mythen und Märchen sind Erkenntnisse verschiedener Kulturen und Generationen enthalten. Oft sind sie von einer Weltsicht geprägt, in der die Natur beseelt ist, Tiere sprechen können und die Hauptfiguren verbunden sind mit dem Kosmos. Solche Geschichten haben das Potenzial, unsere Stimmung und Haltung zu beeinflussen, unsere Gewohnheiten der Wahrnehmung zu durchbrechen und damit die direkte Wahrnehmung der Natur zu verändern und zu bereichern. Lieder und Gedichte drücken Erfahrungen und Gefühle aus, bringen sie auf den Punkt und sprechen uns auf andere Weise an als sachlich eingebrachte Information. Neben dem Einbezug überlieferter Geschichten, Gedichte und Lieder kann das Erleben in der Natur auf spielerische Art auch als Inspiration für neue, selbst entwickelte Texte oder Musik dienen.

- **Zwiesprache:** Resonanz ist nach *Hartmut Rosa* eine „Antwortbeziehung", gekennzeichnet durch Hören und Antworten. Das
  verweist auf die Möglichkeit, der mehr-als-menschlichen Welt
  in einer „Du-Haltung" zu begegnen, nicht nur *über sie* zu sprechen, sondern *mit ihr* in Dialog zu gehen: mit Tieren, Pflanzen,
  Bächen, Steinen usw. Was in vielen Kulturen selbstverständlich war und ist – dass wir Menschen in einer Welt leben,
  die spricht und lauscht – klingt für uns möglicherweise fremd.
  Doch „im Haus der Sprache sind viele Wohnungen" (*Martin
  Buber*). Und so gibt es in der Naturbildung auch Übungen, in
  dieser Haltung von Dialogbereitschaft und Zuhören in Kontakt
  zu gehen mit einem anderen Lebewesen oder mit einer Landschaft, etwa mit einer Frage, einem persönlichen oder
  existenziellen Thema oder auch in absichtsloser Offenheit.

- **Sharing, Austausch, Gespräch:** Erlebtes in Worte zu fassen
  und in den menschlichen Kontakt zu bringen, unterstützt und
  vertieft den Bildungsprozess. Es dringt mehr ins Bewusstsein,
  bekommt mehr Gewicht, ist weniger flüchtig, sinkt tiefer.
  Deswegen gehört das Gespräch zur Naturbildungsarbeit
  wesentlich dazu. Das beginnt beim beschreibenden, nicht
  kommentierten Sharing nach einer Übung, dem (Mit-)Teilen
  einer Erfahrung. Dafür braucht es Zeit, einen eigenen „Raum"
  sowie eine Haltung von Interesse auf Seiten der Zuhörenden.
  So Geteiltes stillt nicht nur das Bedürfnis, etwas auszusprechen
  und mitzuteilen, sondern kann auch die Zuhörenden
  bereichern und weiter anregen. Darüber hinaus braucht
  Naturbildung auch Räume für den Austausch zu Fragen
  unserer Haltung und unseres Umgangs mit der mehr-als-
  menschlichen Welt. Naturpädagoginnen und Naturpädagogen
  können Impulse und Anstöße für Gespräche geben.
  Ausgehend vom konkreten Thema der jeweiligen Veranstaltung können sie so die Bildungsziele „respektvolle Co-Existenz
  und Partnerschaftlichkeit" und „Commitment" in ihre Veranstaltung miteinbinden.

Wirken als Person

Als Naturpädagoginnen und Naturpädagogen wirken wir durch durchdachte didaktische Planung, durch bewusst und gezielt eingesetzte Methoden, durch unser eigenes naturbezogenes Wissen und eine Vielzahl von dienlichen Kompetenzen, die wir uns aneignen und die wir erweitern können. Dazu gehören über das naturbezogene Knowhow hinaus z. B. auch pädagogisches und organisatorisches Wissen und entsprechende Fähigkeiten.

Immer wirken wir aber auch – vielleicht sogar vor allem – als Person: als die, die wir sind und wie wir sind. Wir wirken durch unsere Einstellung und Haltung zu anderen Menschen, ganz grundsätzlich und konkret zu den Teilnehmenden an der Bildungsveranstaltung. Wir wirken dadurch, wie wir mit ihnen in Kontakt sind, mit ihnen kommunizieren und interagieren. Und wir wirken dadurch, wie wir selbst in Beziehung und in Kontakt sind zur Natur, zur mehr-als-menschlichen Welt, grundsätzlich in unserem Leben und jetzt an diesem konkreten Ort. Wir wirken durch unsere Begeisterung, Freude, Faszination, dadurch dass wir als Menschen präsent und spürbar sind.

Als Naturpädagoge lasse ich andere Menschen teilhaben an meinem Kontakt zur Welt, an einem Ausschnitt meiner Beziehungen zur mehr-als-menschlichen Welt. Je mehr ich selbst in Kontakt mit den Dingen und anderen Wesen bin, berührbar, offen und verbunden, desto intensiver kann ich das auch mit anderen Menschen teilen und entsprechende Räume eröffnen. Ich biete damit im günstigen Fall den Teilnehmenden neue, anregende Beziehungsmuster an für ihre eigene Weise, mit der Welt in Beziehung zu sein.

Eine Grundhaltung von Achtsamkeit ist dabei eine wesentliche Unterstützung, die der Bildungsarbeit Qualität und Tiefe gibt. Achtsamkeit kann unseren Naturkontakt intensivieren. Durch absichtslose Präsenz und das Zurückstellen von Bewertungen bewirkt eine achtsame Haltung Öffnung für das Andere und für die Anderen, für Begegnung. Die Bedeutung von „Achtsamkeit in der Natur" wird im gleichnamigen Buch von *Michael Huppertz und Verena Schatanek* in Theorie und mit praktischen Übungen ausführlich beschrieben.

6   Rahmenfaktoren für gutes Gelingen:
Die Bedeutung von Ort und Zeit, teilnehmenden
Menschen, Kontext und Verknüpfungen

Naturbildung hat ihre Begrenzung in der Unverfügbarkeit der Dinge und der Menschen – sonst wäre sie versuchte Indoktrination. Gleichzeitig hat sie die Verantwortung, ihr Potenzial so gut wie möglich zu nutzen. Über die beschriebenen Werkzeuge hinaus muss sie deswegen auch die Rahmenfaktoren ihres Tuns in den Blick nehmen.

➜   Welche Faktoren sind förderlich, damit Naturbildung gute Chancen hat auf tiefgehende, anhaltende Wirkung, damit sie für die Teilnehmenden bedeutsam wird?

Das sind vor allem

- Verortung,
- das Erfüllen, Gestalten und Ausweiten von Zeit,
- die Orientierung an den teilnehmenden Menschen in ihrer momentanen Lebensphase und
- das Bewusstsein für den Kontext der Veranstaltung und das Knüpfen darüber hinausgehender Verbindungen.

Diese Faktoren sind miteinander verwoben, bedingen und ergänzen sich und wirken als Gesamtes auf die Bedeutsamkeit von Naturbildung.

Verortung

Herzstück naturpädagogischer Arbeit ist das Erleben und Lernen am „realen Ort". Im Unterschied zu vielen anderen Bildungsformen, die in multifunktionalen Unterrichtsräumen stattfinden, ist Naturbildung vor allem ortsbezogene Bildung in einem konkreten Naturraum „draußen". Auch wenn dieses Setting ergänzt werden kann durch Bildungsaktivitäten an anderen Orten (auch „indoor"), geht es in der Naturbildung doch wesentlich darum, direkt in der Natur zu lernen.

Selbst digitale Angebotsformen benötigen Anbindung an Natur-
orte, in diesem Fall Orte in der Nähe der Teilnehmenden – es sei
denn, es handelt sich ausschließlich um theoretische Wissensvermittlung.

Das stellt an Naturpädagoginnen und Naturpädagogen besondere
Ansprüche. Ein gutes Veranstaltungskonzept ist immer an einen
konkreten Ort geknüpft und nicht beliebig übertragbar. Im
Gegenteil: Oft erwächst direkt aus dem Ort die Idee für die Inhalte
und das konkrete Konzept für eine Veranstaltung.

Das Spektrum von Naturbildungsorten ist groß. Zum einen findet
Naturbildung statt „vor der eigenen Haustür", das heißt dort, wo
Naturpädagoginnen und Naturpädagogen mit den teilnehmenden
Menschen an ihrem Wohn- und Lebensort unterwegs sind. Zum
anderen sucht Naturbildung gezielt Gebiete auf, die aufgrund
ihres Landschaftstyps, ihrer ökologischen Diversität, ihrer „Natur-
nähe" besondere Bildungsinhalte möglich machen: Orte oder
Landschaften, die eine gewisse Attraktivität ausstrahlen, die es
ermöglichen, der mehr-als-menschlichen Welt intensiver oder in
einer größeren Vielfalt zu begegnen. Dazu gehören beispielsweise
Bildungsangebote, die an Schutzgebiete und die dortige Infra-
struktur angegliedert sind (Naturschutz- oder Nationalpark-
zentren, Ökozentren verschiedenster Art usw.).

Beide Angebotsausrichtungen sind sinnvoll und nötig und können
sich ergänzen. Die räumliche Entfernung vom eigenen Lebensort
und damit die Überschneidung mit dem eigenen Lebensumfeld ist
dadurch unterschiedlich groß. Für ein Kind im Wald- oder Natur-
kindergarten sind der tägliche Kindergartenplatz und der Weg
dorthin ein Teil des eigenen Lebensraums. Die Beziehungen, die
die Kinder dort leben, gehen über den betreuten Aufenthalt an
diesem Ort hinaus, wenn er auch außerhalb dieser Zeit, z. B. mit
den Eltern, aufgesucht werden kann.

Für die Schulklasse, die per Bus ein Naturschutzzentrum aufsucht,
ist das anders. Ebenfalls für den Feriengast oder die Familie, die in
ihrem Urlaub an einer Führung im Nationalpark teilnimmt. In
diesen Fällen bleibt der Kontakt zum Gebiet häufig einmalig, der
Ort ist zunächst möglicherweise erst einmal fremd.

Darin liegt die Chance einer stärkeren Kontrasterfahrung zum Gewohnten, die Chance eines Blicks über den eigenen Tellerrand und der Relativierung des alltäglich Vertrauten – z. B. die Erfahrung, dass Wald auch ganz anders aussehen kann. Das bedeutet eine Erweiterung des Horizonts, das Anregen neuer Gedanken. Um größere Zusammenhänge von Beziehungsgeflechten in den Blick zu nehmen, in denen wir als Menschen stehen, sind solche Erfahrungen wichtig.

Wo die Veranstaltung aber auch stattfindet, immer gehe ich zumindest für die Dauer der Veranstaltung in Beziehung zu einem Ort. Auch wenn ich ein Gebiet nur für eine mehrstündige Exkursion oder Wanderung aufsuche und auch wenn im konkreten Fall der Erwerb von Wissen, etwa über bestimmte Pflanzen und Tiere, im Vordergrund steht, geht es doch gleichzeitig immer auch darum, mich auf einen Ort einzulassen, Beziehung zu knüpfen zu dem, was dort existiert und geschieht. Dieses „In-Beziehung-Sein" muss in der Person der Leitung vorhanden und spürbar sein.

Darüber hinaus ist es Teil der Bildungsarbeit, Bezüge herzustellen, Brücken zur eigenen Lebenswelt der Teilnehmenden zu bauen bzw. anzubieten. Dazu kann etwa gehören,

- dass ein Naturbildungsort wiederholt aufgesucht wird, damit die Beziehung nicht einmalig bleibt: zu verschiedenen Jahreszeiten, in größeren Abständen, um Veränderungen wahrzunehmen oder für aufeinander aufbauende Bildungsinhalte,
- dass in der Veranstaltung selbst gedankliche Verbindungen hergestellt werden, dass Fragen und Impulse mitgegeben werden, die Lust und Interesse wecken, den Bildungsprozess am eigenen Lebensort selbst weiterzuführen,
- dass die Veranstaltung, z. B. im Rahmen von Schule oder Ausbildung, in einen größeren inhaltlichen Kontext eingebunden wird.

Das Erfüllen, Gestalten und Ausweiten von Zeit

Nach *Ulrich Gebhard* werden von Kindern nur die Naturräume als bedeutsam erlebt, in denen sie ihren eigenen Bedürfnissen nachgehen, ihre Träume und Fantasien schweifen lassen können. Bedeutsam ist, was eine *persönliche Bedeutung* hat oder bekommt. Das gilt grundsätzlich auch für Erwachsene, auch wenn ihre Bedürfnisse und Träume andere sind als die von Kindern. Dass etwas Bedeutung für mich bekommt, erfordert, dass ich mich selbst in meiner momentanen Stimmung und Befindlichkeit in die Situation „mit hineinnehmen" kann und darf. Es braucht Interaktion, Resonanz – und damit auch: Zeit.

Naturbildung braucht Zeit, mit einem Ort – und auch mit der Leiterin oder dem Leiter der Veranstaltung – vertraut zu werden. Es braucht Zeit, Beziehung aufzunehmen, auch wenn es nur vorübergehend ist. Es braucht Zeit, um in Erfahrungen einzutauchen, Wissen aufzunehmen, Zeit für eigenes Aktiv-Sein. Es braucht Zeit für Pausen, in denen die Aufmerksamkeit sich entspannen und erholen kann, um dann wieder neu da zu sein. Zeit, um den eigenen körperlichen Bedürfnissen nachzugehen (Essen und Trinken, Ruhen, ...). Es braucht Zeit zum Verdauen und Nachklingen-Lassen.

Naturbildung bietet allein durch das „Draußen-Sein" die Chance auf ein verstärktes Empfinden natürlicher Zeitrhythmen. Dazu gehören Tages- und Jahreszeiten genauso wie natürliche Rhythmen der Aufmerksamkeit und des Lernens. Auch wenn ein vorher definiertes Zeitfenster im Sinne von *Uhr*zeiten den Rahmen gibt für eine Veranstaltung, muss es möglich sein, den Raum für ein fließendes Erleben von Zeit zu öffnen, in dem eigene Erfahrungen und Lernprozesse ihren Verlauf nehmen können. Insbesondere Übungen der Achtsamkeit in der Natur können für ein solches Erleben von Zeit die Tür öffnen. Bedeutet achtsam zu sein doch immer gegenwärtig zu sein, das heißt „den Dingen, Menschen und sich selbst ihre Zeit zu lassen" (*Huppertz und Schatanek 2021; S. 40*).

Da das Erleben von Zeit bzw. das Zeitbedürfnis in einer Gruppe von Menschen nie völlig homogen ist, habe ich als Naturpädagoge die Aufgabe, auszubalancieren, wie viel Zeit wofür möglich ist, ohne den gegebenen und gemeinsamen Rahmen zu verlassen. Das heißt, es braucht ein gewisses Maß an Zeit selbst, einen ausgedehnten „Zeit-Raum", sowie einen guten Umgang mit diesem Raum.

Kurzzeitpädagogische Formate wie z. B. „eine Schulklasse kommt für einen halben Tag" lassen die Durchführenden von Naturbildung manchmal unzufrieden zurück. Solche Zeitfenster werden oft als zu klein, die Zeit als zu kurz erlebt. Man hat einen Bildungsauftrag und -anspruch – wie sollen die Kinder da auch noch Zeit zum Spielen bekommen? Und in der Tat haben solche einmaligen und kurzen Veranstaltungen erwiesenermaßen wenig anhaltenden Effekt. Deshalb sollten wir uns als Naturpädagoginnen und Naturpädagogen bemühen,

- die tatsächliche Zeit vor Ort auszudehnen, sie ggf. zu wiederholen,
- sie durch eine gute Vor- und Nachbereitung zu vergrößern und
- die Aktivitäten vor Ort durch eine Einbettung in einen größeren Kontext in Zusammenhänge zu stellen

Dadurch weiten wir insgesamt die Zeit für Naturbildung aus und verstärken damit ihre Wirkung. Beziehungsbildung umfasst auch die gelebte Beziehung der Naturpädagogin zu den Teilnehmenden einer Veranstaltung. Auf längere Zeit angelegte Konzepte bieten deutlich weiterreichende und tiefergehende Möglichkeiten, Menschen in ihren Erfahrungen und ihrem Lernen zu begleiten.

Die teilnehmenden Menschen in ihrer momentanen Lebensphase

„Ich lebe mein Leben in wachsenden Ringen / die sich über die Dinge ziehn."
(Rainer Maria Rilke)

Welche Bedeutung das Erleben von Natur für einen Menschen hat, welche Zugänge jemand zur Natur hat, hängt auch davon ab, in welcher Lebensphase sie oder er sich befindet. Natur kann erlebt werden als Spielraum, als Raum für Erholung und Regeneration, als Herausforderung, als Trost ... Dies hängt unter anderem auch davon ab, in welcher Phase meines Lebens ich aktuell bin.

Wir Menschen entwickeln uns in und durch unsere Beziehungen. Das gilt wie gesagt sowohl auf der Ebene der Evolution als auch auf der individuellen Ebene. Beides ist Integration in die Welt. Unsere Beziehungen differenzieren sich dabei aus, sowohl im Verhältnis zu anderen Menschen wie auch im Verhältnis zur mehr-als-menschlichen Welt. Eine neue Lebensphase ist immer gekennzeichnet durch Veränderungen von Bedürfnissen, von Verantwortlichkeiten, Rechten und Pflichten. In einem neuen Lebensabschnitt geht es darum, unser Verhältnis zur Welt neu zu bestimmen. Es geht um unseren Platz im Kosmos, um unsere Einbindung und Verortung und ein wachsendes Verständnis davon.

Dabei verläuft unsere Entwicklung nicht geradlinig und kontinuierlich: Es gibt Zeiten, in denen sich wenig verändert und Zeiten, in denen Umbrüche geschehen, sprunghafte Veränderungen, Zeiten von Krisen und Übergängen. Jede Lebensphase hat ihren eigenen „Geschmack", ihre eigenen Qualitäten. Und bei aller Individualität gibt es doch Phasen, durch die wir uns alle bewegen, vom Kindsein hin bis zum Alter.

Als Naturpädagoge interessiere ich mich deshalb auch für die Menschen, mit denen ich Bildung betreibe. Vor der Entwicklung eines Veranstaltungskonzepts stelle ich mir Fragen wie

- Welche Qualitäten stehen in der Lebensphase meiner Teilnehmerinnen und Teilnehmer im Vordergrund?
- Welche Bedürfnisse und Entwicklungsaufgaben haben sie aktuell?

- Wie ist ihr Zugang zur Natur – wörtlich und im übertragenen Sinn?
- Welchen Sinn und welche grundsätzliche Zielrichtung hat Naturbildung in dieser Lebensphase?
- Welche Anforderungen an mein Veranstaltungskonzept folgen daraus?

Ich brauche somit Hintergrundwissen, Einfühlungsvermögen und eine Auseinandersetzung mit der eigenen Leitungsrolle. Nur dann kann ich konkrete Zielformulierungen, eine didaktisch sinnvolle Auswahl und Abfolge von Methoden für die jeweilige Veranstaltung bewusst und gezielt vornehmen.

Die Orientierung an menschlichen Lebensphasen gibt eine erste grobe Orientierung. Hilfreich können weitere Differenzierungen der Zielgruppe sein, sofern sie im Vorfeld möglich sind: Geschlecht, kulturelle Prägungen, bisherige Bildungserfahrungen können Parameter sein, an denen ich mich ausrichte.

Für die Motivation, die Bedürfnisse und Erwartungen der Teilnehmenden ist über solche personenbezogenen Merkmale hinaus auch der unmittelbare Kontext bedeutsam, in dem eine Bildungsveranstaltung stattfindet. Sind sie freiwillig da, aus eigenem Antrieb? Sind sie zur Teilnahme verpflichtet worden? Stehe ich in einem formalen Bildungszusammenhang, für den Ziele formuliert und vorgegeben sind, z. B. in einem Lehrplan? Hat die Teilnahme Relevanz für berufliche Zusammenhänge – in der Ausbildung bzw. Fort- und Weiterbildung? Wird Gelerntes überprüft? Findet die Veranstaltung im Rahmen von Freizeit statt? Meine Zielsetzung sollte das berücksichtigen, meine Planung sich darauf einstellen.

Dabei muss ich mich hüten vor stereotypen Vorstellungen. Ich muss mir immer eine Offenheit bewahren, dass meine Annahmen und die daraus resultierenden Überlegungen auch unzutreffend sein können. Letztlich kann ich nur im Tun selbst überprüfen, was genau jetzt und gerade hier für diese Menschen zutrifft, passt und angemessen ist. Dazu muss ich meine Offenheit auch während der Veranstaltung aufrechterhalten.

Der Kontext der Veranstaltung und das Knüpfen von Verbindungen

Die Bedeutung des Kontextes einer Bildungsveranstaltung geht über die genannten Faktoren jedoch noch hinaus. Im Kapitel 4 „Naturbildung als „Weltbeziehungsbildung" wurde bereits darauf verwiesen, dass einige der formulierten Ziele über den formalen Rahmen einer Bildungssituation in den Bereich des eigenen alltäglichen Handelns hinausweisen. Das sind insbesondere die Ziele „Respektvolle Co-Existenz und Partnerschaftlichkeit" sowie „Commitment", tätige Sorge und Engagement für die mehr-als-menschliche Welt. Natürlich können diese auch in einer Veranstaltung exemplarisch erlebt und umgesetzt werden – und sei es nur ganz pragmatisch durch das Mitnehmen gefundenen Mülls im Wald am Ende der Veranstaltung. Das ist sinnvoll und gut. Gleichzeitig darf es der Naturbildung für die selbst gesteckten Ziele aber nicht genug sein.

Wie kann es geschehen, dass aus einem einmaligen Naturerleben – an einem bestimmten Ort zu einer bestimmten Zeit – gelingende Beziehung wächst? Was braucht es dazu, dass Menschen Verantwortung übernehmen für das, was ihnen vertraut geworden ist, und dass sich das in konkretem Tun manifestiert? Inwieweit werden Bildungserfahrungen auch in neue Handlungsmuster im Leben umgesetzt? Was kann und was sollte der Bildungskontext selbst beinhalten, damit dies mit angelegt ist? Wie kann sich Naturbildung verbinden und verknüpfen mit anderen Aktivitäten, die sie potenziell verstärken und ergänzen?

Der Weg vom Herz über den Kopf zur Hand ist manchmal weit. Dies ist eine Grunderfahrung menschlichen Lebens. Unser alltägliches Handeln ist in hohem Maße von Gewohnheiten und Routinen geprägt und deshalb „veränderungsträge". Ein „Was ich liebe, schütze ich zwangsläufig auch" ist unrealistisches Wunschdenken. Es gibt keine Automatismen. Studien zeigen zwar, dass durchaus Zusammenhänge bestehen zwischen Naturerfahrungen und „umweltgerechtem" Verhalten (siehe z. B. bei *Susanne Bögeholz* und *Armin Lude*). Andererseits hat nachhaltiges Handeln nicht per se mit einer edlen Gesinnung zu tun, sondern hat häufig eine pragmatische Motivation, z. B. Geld oder Zeit zu sparen oder nicht mit dem Gesetz in Konflikt zu kommen. Deshalb braucht es über Bildung hinaus immer auch politische Maßnahmen und Weichenstellungen.

Diesen weiten Weg mag man bedauern. Die Zeit drängt und manchmal wünschen wir uns Abkürzungen. Gleichzeitig ist es gut, dass Menschen keine Maschinen sind, die mit quantifizierbarem Input und Output funktionieren. Beziehungsänderung kann man pädagogisch nicht „machen". Verhaltensänderungen als „Erfolge" von Bildung sind eher langfristig angelegt.

Nachhaltiges Verhalten, das für den Handelnden erst einmal Nachteile bringt (höhere Kosten, Verlust von Bequemlichkeit, ein Mehr an Zeiteinsatz ...), erfordert eine hohe innere Motivation. Diese Nachteile können nur durch andere, als Gewinn empfundene Qualitäten kompensiert bzw. befördert werden: Gewinn an Lebensqualität, Gefühl mit sich und der Welt im Reinen zu sein („gutes Gewissen"), ästhetischer Gewinn o. a. Dazu braucht es unter anderem auch neue Entwürfe für die Definition von Lebensqualität. Das weist über den Bereich der Naturbildung hinaus auch in andere Bildungsbereiche.

Aktivitäten der Naturbildung können für sich allein stehen oder in Verbindung gesetzt werden mit anderen Bildungszusammenhängen oder auch mit praktischen Aktivitäten im Bereich des Engagements für die mehr-als-menschliche Welt, z. B. in der praktischen Naturschutzarbeit. Solche Verknüpfungen bieten die Chance auf Vernetzen von Erfahrungen und Erkenntnissen, sie bieten die Chance auf einen tatsächlichen Zuwachs an gelingenden Beziehungen zur mehr-als-menschlichen Welt in ihren umfassenden Dimensionen und Aspekten. Naturbildung kann sich so z. B. verknüpfen mit Aktivitäten der Bildung für nachhaltige Entwicklung und den dort bearbeiteten Themen. Sie kann dort angebunden bzw. eingebunden werden, ohne ihre Eigenständigkeit zu verlieren. Sie bezieht ihren Sinn und ihre Legitimität aus sich selbst und nicht daraus, dass sie Teil einer politisch legitimierten Bildungskampagne ist.

Wenn Naturbildung sich so in Zusammenhänge einbettet, kann dies verhindern, dass naturpädagogische Veranstaltungen vereinzelte, schnell verblassende Events bleiben. Dabei behält Naturbildung ihre eigene Kraft und Stärke, ihre besondere Qualität: Wir können im Rahmen von Naturbildung Kontakt herstellen, Erfahrungsräume eröffnen. Wir können Gelegenheiten bieten für erlebte, respektvolle, empathische, bewusste, neu gestaltete Beziehungen. Bereichernde Erfahrungen in und mit der Natur können Energie freisetzen: für die Entscheidung, Prioritäten im Leben anders zu setzen, für andere Gewohnheiten im alltäglichen Tun, für politisches Engagement. Naturbildung kann Schlüsselerlebnisse und Schlüsselerkenntnisse beinhalten – die uns „unverfügbar" bleiben, aber geschenkt werden können.

7 Beziehungsbildung in einer Welt im Wandel. Aktuelle Herausforderungen

Die Welt befindet sich in gravierenden Veränderungen. Die Dimensionen dieser Veränderungen sind noch bis zu einem gewissen Grad gestaltbar, dass sie aber immens sind steht außer Zweifel. Klimaveränderung und Verlust von Biodiversität, beides unmittelbare Folge menschlichen Tuns, stehen in Wechselwirkung miteinander und verstärken sich gegenseitig. Sie konfrontieren uns als Spezies mit einem Ausmaß an Weltveränderung, wie wir es in unserer Evolutionsgeschichte noch nie erlebt haben – zumal sie sich in so kurzer Zeit vollzieht, dass eine Anpassung an veränderte Bedingungen mit einer sehr hohen Geschwindigkeit erfolgen muss. Inwieweit uns Menschen das gelingt, ist offen. Andere Spezies, deren Lebensraum erst schwindet und schließlich verschwindet, werden damit aller Voraussicht nach überfordert sein.

Diese Veränderungen betreffen uns alle, in allen Aspekten unseres Daseins. Und natürlich betreffen sie ganz unmittelbar und existenziell auch die Naturbildung, ihr Thema, ihr Anliegen, ihren „Bildungsraum".

➜ Wie kann Naturbildung mit dieser Welt im Wandel und mit den dadurch aufgeworfenen Fragen und Themen angemessen umgehen?

Die Fragen sind groß. Veränderungen sind bereits spürbare Realität. Kranke Bäume, absterbende Wälder, Insektensterben, Zunahme von Extremwetterereignissen, Hitzeperioden mit Dürren – das alles erleben wir tatsächlich. Gleichzeitig wirken die prognostizierten weiteren Veränderungen in unseren Köpfen und machen Angst oder zumindest Sorge um die Zukunft. Dieses Geschehen wirkt sich aus auf unser Menschenbild, auf unser Welt- und Naturbild und ganz unmittelbar auf die Beziehungen, in denen wir stehen.

Der Begriff des „Anthropozäns" hat Einzug gehalten in der Naturwissenschaft, als Vorschlag für die Bezeichnung einer neuen Erdepoche, in der die Menschheit der wichtigste Faktor ist für alle geophysikalischen Prozesse auf der Erde. In dieser Bezeichnung steckt die Anerkennung der Tatsache, dass es keinen Ort auf der Erde gibt, der vom Tun und Wirken des Menschen gänzlich unbeeinflusst ist. Was macht das mit unserem **Menschenbild**? Sind wir Menschen nun gezwungenermaßen in der Verantwortung, die Zügel in die Hand zu nehmen, das Boot zu steuern, den Planeten zu „managen", die Biosphäre per Geoengineering zu kontrollieren? Bedeutet es ein Eingeständnis, ein anderes Verständnis des Mensch-Seins in einer mehr-als-menschlichen Welt sei überholt, ein neues Zeitalter sei angebrochen und das müsse nun leider akzeptiert werden? Sind wir damit wieder in die narzisstische Sonderrolle gestoßen, die wir eigentlich überwinden wollen?

Auch unser **Welt- und Naturbild** ändert sich. Eine grundsätzliche Verlässlichkeit ist immer weniger gegeben. Die Überzeugungen von Goethe („Alles ist neu und doch immer das Alte") und Flying Hawk („Ewig verändert die Natur ihr Antlitz, und immer ist es gut") scheinen nicht mehr zuzutreffen. Damit schwindet ein Stück Urvertrauen, das wir Menschen in die Welt haben können, und wir laufen Gefahr, ein Urmisstrauen auszubilden. Aus der „gütigen Mutter Erde" wird so möglicherweise eine „zürnende Göttin Gaia" oder ein unpersönliches großes Ganzes, das uns Menschen bestenfalls gleichgültig gegenübersteht: „Homo sapiens" als vorübergehende Erscheinung, die die Welt schon überwinden wird?

Vor allem ändern sich durch die geschilderten Veränderungen die **Beziehungen**, in denen wir Menschen stehen: die faktischen wie die gespürten und erlebten, die bewussten wie die unbewussten, die uns nahen wie auch die entfernteren. Das lokale Verschwinden und das tatsächliche Aussterben von Spezies bedeuten Verlust von Beziehungen, von Vielfältigkeit, von Intensität durch Nähe und reale Begegnung. Mit solchen Verlusten gehen gleichzeitig im konkreten Lebensumfeld neue Beziehungen einher durch Arten, die neu oder wieder bei uns einwandern.

Mit manchen von ihnen tun wir uns leichter, mit anderen schwerer – denken wir an Wolf und Tigermücke, an Bienenfresser und Nosferatu-Spinne, denken wir an Viren, mit denen wir noch nicht in Kontakt waren. Die Veränderungen umfassen damit sowohl Verlust als auch Zuwachs, wobei insgesamt die Verluste überwiegen: Neue Arten entstehen nicht in der Geschwindigkeit, in der andere aussterben. Beides bedeutet Veränderung, neue und wegfallende Interaktionen, insgesamt gesehen eher Verarmung als Bereicherung. Mit dem drohenden Aussterben von Eisbären, Tigern und anderen Großsäugern gehen uns möglicherweise auch Archetypen, „Traumtiere", seelische Ressourcen verloren.

Auch unsere Beziehung zu Orten verändert sich. Die Veränderungen in der Landschaft, beispielsweise durch das Absterben von Wäldern sind gravierend, und immer sind dabei auch Orte, die für uns eine Bedeutung haben – für den Gewinn von Nahrung und Trinkwasser, als Raum für kindliche Eigenbetätigung, zur Erholung und für Inspiration. Wie lange können wir noch in Wäldern baden, in denen 80 % der Bäume krank sind? Mit der Bedrohung von Ökosystemen verschwindet auch so manches persönliche Psychotop.

Nicht zuletzt ändern sich auch gewohnte und vertraute natürliche Rhythmen, in denen wir leben. Winter „fallen aus" und mit ihnen eine Erlebensqualität von Farben, Geräuschen, Stimmungen und möglichen Aktivitäten. Jahreszeitliche Phänomene verschieben sich, Zugvögel kommen früher wieder aus ihrem Winterquartier, Rhythmen von Blühen und Reifen geraten durcheinander. Zeitlich aneinander angepasste Vorgänge funktionieren nicht mehr, weil sie auseinanderdividieren.

Mit dem Rückgang bzw. der Gefährdung einigermaßen naturnaher und wohltuender Landschaften bei gleichzeitigem Weiterwachsen der menschlichen Bevölkerung wächst auch der Druck auf diese Gebiete zur Erholungsnutzung. Kleiner werdende Räume stehen einem noch weiter anwachsenden Bedürfnis entgegen, sich frei in der Natur zu bewegen.

Dadurch steigt möglicherweise auch die Notwendigkeit, Natur mancherorts *vor dem Menschen* zu schützen und entsprechend beschränkende Regelungen aufzustellen. So werden im Interesse anderer Lebewesen und im Interesse von Ökosystemen manche Erfahrungsräume künftig vielleicht weniger für uns zugänglich. Gleichzeitig entsteht durch die Belastung von Menschen aufgrund des Klimawandels Stress und eine Zunahme von Krankheiten – und dadurch ein steigender Bedarf an „Medizin" in einem umfassenden Sinne.

Was bedeutet dies nun für die Naturbildung? Was bedeutet es, in dieser gegenwärtigen Zeit großer Veränderungen in gelungenen Beziehungen zu stehen? Sind die Ziele eines Zuwachses von Naturvertrautheit, von Resonanz, Wissen und Verständnis, von Bewusstheit, respektvoller Co-Existenz, tätiger Sorge und Engagement weiterhin angemessen? Und wenn ja, wie können wir sie in der Bildungsarbeit der Situation angemessen weiterverfolgen? Auf diese Fragen versuche ich im Folgenden Antworten anzudeuten, die Richtungen aufzeigen, in die weitergedacht werden kann und sollte. Sie müssen zweifellos weiter ausgearbeitet und in konkrete Bildungsaktivitäten übersetzt werden.

Der erste Schritt besteht darin, der **Realität ins Gesicht zu sehen**, nicht die Augen vor ihr zur verschließen, auch wenn wir keine schnellen und einfachen Antworten haben. Das gilt grundsätzlich und es gilt auch für das ganz konkret Wahrnehmbare im Rahmen einer Naturbildungsveranstaltung. Erst wenn ich die Realität wahrnehme (etwa die Trockenheit, den geschädigten Wald), kann ich angemessen mit ihr umgehen. Dazu kann die Haltung der Achtsamkeit einen wichtigen Beitrag leisten: wahrnehmen was ist, anerkennen, dass es „so ist wie es ist". Dabei ist es hilfreich zu unterscheiden, was tatsächlich jetzt real da ist in der Welt und was ich durch meine zukunftsbezogenen Vorstellungen und Ängste mental ins Jetzt einbringe.

Die Veränderungen in der Landschaft stellen Naturpädagoginnen und Naturpädagogen vor ganz praktische **organisatorische Herausforderungen**. Für die Planung und Durchführung von Naturbildungsveranstaltungen ist eine zunehmende Sorgfalt erforderlich, Risiken des Aufenthalts vor Ort im Bewusstsein zu haben und zu prüfen. So nimmt in vielen Wäldern der Anteil von Totholz zu, dies ist insbesondere bei stärkerem Wind eine potenzielle Gefahr. Zu manchen Zeiten werden deshalb Wege und Flächen gesperrt. Bei länger anhaltender Trockenheit kommt es zu erhöhter Waldbrandgefahr. Die Wetterprognose muss auf Unwetterwarnungen hin geprüft werden. Das ist im Grunde alles nichts Neues für die Naturbildung, doch nehmen Situationen mit Gefahrenpotenzial insgesamt zu und brauchen erhöhte Wachsamkeit.

Über die Einschätzung von Gefahren hinaus erfordert die Auswahl und das Aufsuchen von Naturorten auch verstärkte **ethische Abwägungen**. Auch bisher haben verantwortungsbewusste Naturpädagogen und Naturpädagoginnen schon immer geprüft, welche Auswirkungen das Aufsuchen eines Naturraums mit einer Gruppe von Menschen auf diesen Ort selbst hat, welchen „Fußabdruck" Naturbildung hinterlässt. Sie haben abgewogen, zu welchen Zeiten sie wohin gehen, mit wie vielen Menschen sie sich dort aufhalten, welchen Aktivitäten sie dort nachgehen. Dieses Verantwortungsbewusstsein muss wachgehalten bleiben bzw. noch intensiviert werden. Im Bewusstsein schwindender Lebensräume müssen die Bedürfnisse von allem, was vor Ort lebt, mitbedacht werden.

Eine große Herausforderung für die Naturbildung stellt der **Umgang mit den Emotionen** dar, welche die Weltveränderungen bei uns hervorrufen. Naturbildung sieht Natur wie beschrieben seit jeher nicht als „heile Welt". Auch Besorgnis, Traurigkeit, Frustration können Ausdruck sein unserer Verbundenheit mit der Welt. Solche Gefühle gehören zum Menschsein und zum Beziehungsgeschehen dazu, sie auszuklammern würde eher Trennung und Abspaltung bedeuten.

Und so gilt es aktuell umzugehen mit den Gefühlen, die mit Beziehungsverlust und Zukunftsangst einhergehen, mit Gefühlen von Schmerz und Trauer, von Wut und Zorn, und auch mit den Mechanismen von Flucht und Verdrängung um des Selbstschutzes willen, mit Resignation, Apathie und Depression. Es muss uns gelingen, dies zuzulassen und in unsere Arbeit zu integrieren.

Traditionell hat Naturpädagogik eher die angenehmen Gefühle im Blick, welche der Kontakt mit Natur bewirken kann und welche Energie freisetzen können für dem Leben dienendes Handeln. Wohltuende, positiv besetzte Naturerfahrung ist ihre Stärke und ihr Markenzeichen, mit dem sie sich zurecht von einer eher moralisierenden Umwelterziehung abgesetzt hat. Und bereichernde, stärkende und Mut machende Erfahrungen bleiben wichtig, werden womöglich noch wichtiger – und sind gleichzeitig bedroht. Beides im Blick zu haben, ist die große Herausforderung, der sich die Naturbildung stellen muss: Natur zu erleben als Kraft gebender Raum, als Heimat, und sie gleichzeitig als gefährdete, bedrohte Sphäre wahrzunehmen. Es gilt Wege zu finden, wie sowohl Genuss und Dankbarkeit als auch Traurigkeit und Sorge in unserer Bildungsarbeit Platz haben können. Gewiss ein Balanceakt.

Das beginnt damit, dass sich Naturpädagoginnen und Naturpädagogen selbst den schmerzhaften, unangenehmen Gefühlen stellen, dass sie sie formulieren und sich darüber untereinander austauschen. Naturbildung benötigt das Erproben und Einsetzen von Gesprächsmethoden, mit denen dem Austausch von Gefühlen und Sorgen Raum gegeben werden kann und die gleichzeitig einen tragenden Boden und einen haltenden Raum bieten.

Letztlich stellt die große Veränderung der Welt die Naturbildung vor **existenzielle Fragen und Entscheidungen**: Lohnt es sich, Beziehungsbildung zu betreiben, wenn manche (einige? viele?) dieser Beziehungen wenig Chancen auf Überdauern haben? Produziert das nicht noch mehr Schmerz?

Machen wir nicht doch besser die Augen zu, verdrängen das Unerfreuliche und genießen das, was wir (noch) haben?

Allein: Was wäre die Wirkung? Es wäre kein gangbarer Ausweg. Es ließe sich nicht durchhalten, denn auch Verdrängung kostet Energie und macht auf Dauer krank. Es wäre auch verantwortungslos, sowohl künftigen menschlichen Generationen als auch allem anderen gegenüber was lebt. Es gibt vieles, was noch nicht verloren ist und wir haben immer noch einiges selbst in der Hand. Letztlich wissen wir nicht, ob diese große Krise am Ende nicht auch eine große Chance ist für eine veränderte Welt, in der wir Menschen einen guten Platz haben.

Was wir – in der Naturbildung wie in anderen Handlungsfeldern – tun können, ist unser Bestes zu tun und zu geben und die Zuversicht nicht aufzugeben. Das bedeutet, unsere Leitvorstellung des Lebens in gelungenen Beziehungen nicht aus den Augen verlieren, auch wenn unsere Visionen von einer anderen menschlichen Lebensweise und Weltbeziehung fragil und bedroht sind. Es heißt, unser Engagement nicht aufzugeben, sondern zu intensivieren und dabei gut auf uns selbst und aufeinander zu achten. Vielleicht geschieht es, dass wir dieses Handeln selbst als Hoffnung stiftendes und verstärkendes Mittel erleben, indem wir im konkreten Tun unsere Selbstwirksamkeit erfahren und spüren.

Schlussbemerkungen

Naturbildung möchte Naturvertrautheit fördern. Sie will Menschen ermöglichen, mit der natürlichen Welt in Resonanz zu kommen, will ihr Wissen über Natur und ihr Verständnis für ökologische Zusammenhänge erweitern und ein größeres Bewusstsein ihres Eingebunden-Seins in die Welt erreichen. Sie tut dies, um Menschen zu respektvoller Co-Existenz mit der mehr-als-menschlichen Welt und zu Engagement und tätiger Sorge für die Lebensgemeinschaft Erde zu motivieren und zu führen. Ihre Leitvorstellung ist Leben in gelungenen Beziehungen. Naturbildung ist Welt-Beziehungs-Bildung, Natur-Beziehungs-Bildung. Im Zentrum ihres Tuns steht der unmittelbare Kontakt von Menschen mit der Natur, das Erleben und Lernen in der Natur selbst.

Naturpädagogik hat sich seit ihrem Auftauchen als eigenständige Bildungsform in den 80er und 90er Jahren des letzten Jahrhunderts professionalisiert, ist sich ihrer Ziele, ihres Instrumentariums, ihrer Möglichkeiten und Grenzen bewusst. Sie hat Werkzeuge zur Verfügung, die sie pflegen, schärfen und gezielt in Veranstaltungen einsetzen kann. Darüber hinaus sollte sie auch die Rahmenfaktoren ihres Tuns (Ort, Zeit, Lebenswirklichkeiten) bedenken und in ihre Konzepte und Planungen miteinbeziehen.

Naturbildung kann die Beziehungsfähigkeit von Menschen erweitern, kann sie ihr „Selbst-Natur-Sein" und ihre Einbindung in die mehr-als-menschliche Welt spüren und erleben und als Überzeugung zu sich nehmen lassen. Für eine möglichst anhaltende Wirkung ist es förderlich, wenn Naturbildung sich mit anderen Bildungszusammenhängen und praktischen Aktivitäten verbindet und verknüpft.

Die aktuellen Veränderungen der Welt stellen die Naturbildung vor Herausforderungen, die größer (geworden) sind, als sie es sich vielleicht vor 30 oder 40 Jahren ausgemalt hat. Wenn sie sich diesen Herausforderungen stellt, kann sie weiterhin – vielleicht noch mehr als bisher – einen bedeutenden Beitrag leisten zu einer Welt, die lebenswert ist und bleibt für uns Menschen und für alles, was auf diesem Planeten mit uns gemeinsam existiert.

Dank

Mein Dank geht an all die Menschen, die dazu beigetragen haben, diese Gedanken auszuformen. Dazu gehören insbesondere die Beteiligten an der Weiterbildung Naturpädagogik der Naturschule Deutschland e.V.: die Kolleginnen in der Kursleitung, die Dozentinnen und Dozenten, aber auch die Teilnehmerinnen und Teilnehmer. Danke für den Austausch von Gedanken und Ideen, für kritische Fragen und Anregungen. Lisa Hafer und Elke Hieber danke ich für wertvolle Anmerkungen zum Text.

Verena Schatanek, Co-Leiterin der Naturschulen von Grün Stadt Zürich, Co-Autorin des Buches Achtsamkeit in der Natur und langjährige Naturpädagogin, danke ich für den regelmäßigen fachlichen Austausch seit 2018. Wir haben gemeinsam um Klarheit und Differenzierung gerungen und nach Worten gesucht. Diskutiert haben wir insbesondere über unser Natur- und Menschenbild, über verschiedene Ebenen von Naturbeziehung, über die Bedeutung einer achtsamen Haltung in der Natur für die Naturbildung, insbesondere für eine Beziehungsbildung in einer Welt im Wandel. Für den vorliegenden Text waren die anregenden Diskussionen und die Protokolle unserer Gespräche an vielen Stellen hilfreich und ich greife wiederholt auf gemeinsame Formulierungen zurück. Selbstverständlich kann Verena Schatanek im Falle einer eigenen Publikation diese Gedanken und Thesen ebenfalls verwenden.

Darüber hinaus danke ich den Menschen, deren in Bücher gefasste Gedanken mich inspiriert haben sowie den Landschaften, die mich geprägt und beschenkt haben.

Was ich schreibe, ist Ausdruck meiner eigenen persönlichen Haltung und Meinung und selbstverständlich übernehme ich alle Verantwortung für das Geschriebene selbst.

Literatur

Abram, D. (2012): Im Bann der sinnlichen Natur. Klein Jasedow

Bögeholz, S. (2012): Qualitäten primärer Naturerfahrung und ihr Zusammenhang mit Umweltwissen und Umwelthandeln. Wiesbaden

Buber, M. (2006): Das dialogische Prinzip. Gütersloh

Cornell, J. (2006): Mit Cornell die Natur erleben. Mülheim a. d. Ruhr

Gebhard, U. (2020): Kind und Natur. Die Bedeutung der Natur für die psychische Entwicklung. Wiesbaden

Huppertz, M., Schatanek, V. (2021): Achtsamkeit in der Natur. Paderborn

Hüther, G. (2012): Die Freiheit ist ein Kind der Liebe. Freiburg.

Knümann, S. (2019): Naturtherapie. Weinheim

Kalff, M. (2001): Handbuch zur Natur- und Umweltpädagogik. Tuningen

Langenhorst, B., Lude, A., Bittner, A. (Hg.) (2014): Wildnisbildung. Neue Perspektiven für Großschutzgebiete. München

Leopold, A. (1992): Am Anfang war die Erde. München.

Louv, R. (2012): Das Prinzip Natur: Grünes Leben im digitalen Zeitalter. Weinheim

Lude, A. (2001) Naturerfahrung und Naturschutzbewusstsein. Eine empirische Studie. Innsbruck

Rosa, H. (2019): Resonanz. Eine Soziologie der Weltbeziehung. Berlin

Tilden, F., Ludwig, T. (2017): Natur- und Kulturerbe vermitteln – das Konzept der Interpretation. München

Trommer, G., Noack, R. (1997): Die Natur in der Umweltbildung. Weinheim.

Young, J., Haas, E., McGown, E. (2014): Grundlagen der Wildnispädagogik. Extertal

Matthias Wörne lebt in der Nähe von Freiburg im Breisgau und war von 2009 bis 2023 Geschäftsführer und pädagogischer Leiter der Naturschule Deutschland e.V.

Außer dem vorliegenden Büchlein hat er folgende Gedichtbände veröffentlicht:

Hoffnungsinseln – Islands of Hope (2019)
Treasures in the Sunshine (2021)
Dunkel, goldgelb (2022)

Für weitere Informationen sowie eine Kontaktmöglichkeit siehe www.matthiaswoerne.de

Informationen über die Naturschule Deutschland e.V. siehe https://www.naturschule.de

Informationen zum Thema „Achtsamkeit in der Natur" siehe https://www.achtsamkeitindernatur.de

Infos über das künstlerische Schaffen von Heike Hesse siehe https://www.heikehesse.de

Das Bild "Hügelland", das dem Buchcover zugrunde liegt, ist inspiriert von der Gegend, in der wir leben.